Crônicas de um criminalista

Crônicas de um criminalista

CLAUDIO GASTÃO DA ROSA FILHO

MINOTAURO

CRÔNICAS DE UM CRIMINALISTA

AUTOR: Claudio Gastão da Rosa Filho

DIRETOR DA ALMEDINA BRASIL: Rodrigo Mentz
EDITOR: Deonísio da Silva
ASSISTENTES EDITORIAIS: Alessandra Costa e Mary Ellen Camarinho Terroni
ASSISTENTES DE PRODUÇÃO: Larissa Nogueira e Letícia Gabriella Batista
ESTAGIÁRIA DE PRODUÇÃO: Laura Roberti

REVISÃO: Daboit Textos
CONCEPÇÃO GRÁFICA: Eduardo Faria/Officio
ILUSTRAÇÕES: Zé Dassilva

SUPERVISÃO GERAL: Deonísio da Silva e Marco Pace

ISBN: 9788563920454
Agosto, 2023

Dados Internacionais de Catalogação na Publicação (CIP)
(Câmara Brasileira do Livro, SP, Brasil)

Rosa Filho, Claudio Gastão da
Crônicas de um criminalista / Cláudio Gastão
da Rosa Filho. -- 1. ed. -- São Paulo, SP :
Minotauro, 2023.
ISBN 978-85-63920-45-4
1. Audiências criminais - Brasil 2. Crônicas
brasileiras I. Título.

23-160575 CDD-B869.8

Índices para catálogo sistemático:

1. Crônicas : Literatura brasileira B869.8
Tábata Alves da Silva - Bibliotecária - CRB-8/9253

Este livro segue as regras do novo Acordo Ortográfico da Língua Portuguesa (1990).

EDITORA: Almedina Brasil
Rua José Maria Lisboa, 860, Conj.131 e 132, Jardim Paulista
01423-001 São Paulo | Brasil
www.almedina.com.br

AGRADECIMENTOS

Sou fã do padre da prelazia do Opus Dei Franscisco Faus. Já li praticamente todos os seus livros e assisti a diversas meditações suas veiculadas no YouTube, de onde se pode extrair uma inquestionável pauta de conduta para os homens de bem ou para aqueles que desejam ardentemente se redimir, adquirindo, pela graça, as virtudes cardeais da prudência, temperança, fortaleza e Justiça.

Através das obras desse sacerdote, que tem hoje 91 anos e exala odor de santidade, encontramos forças para responder à indagação de Santo Agostinho: “Por quanto tempo, por quanto tempo andarei a clamar: Amanhã, amanhã? Por que não há de ser agora? Por que o termo das minhas torpezas não há de vir nesta hora?[1]”

No livro “O homem bom: reflexões sobre a bondade” de forma didática, o padre, imbuído de misericórdia espiritual, aconselha quem está em dúvida, ensina os ignorantes, corrige os que estão no erro, e traça importantes diretrizes para que reconheçamos a bondade real, “consubstanciada nos conselhos que nos elevam a um maior nível de dignidade moral e nos ajudam a ser melhores, mesmo que para isso tivessem precisado, em algum momento, de fazer-nos sofrer, contribuindo, em suma, para que descobríssemos e abraçássemos o bem, e não nos contentarmos com deixar que nos “sentíssemos bem”. [2]

---

1 SANTO AGOSTINHO. *Confissões*, Ed. Vozes, 28ª Edição, p. 197

2 FAUS, Franscisco, O *Homem Bom: reflexões sobre a bondade*. Ed. Quadrante, 2 ed. SP, 2003, p. 9.

Ao completar 30 anos dedicados à advocacia criminal, reuni crônicas escritas em diferentes momentos de minha vida profissional. Ao fazer um inventário da saudade, a fim de evitar o pecado da ingratidão, não posso deixar de agradecer aos meus pais, ao meu querido avô, Altair Teixeira da Rosa, que foi o maior amigo que tive na vida, posição hoje ocupada pelo meu amado filho Claudinho, e às seguintes pessoas que me ajudaram profissionalmente: René Ariel Dotti, Hélio Sacilotti, Gilberto Callado de Oliveira, Urbano Maya Salles, Marta Munhoz de Oliveira, Gilberto Lopes, Antônio Claudio Mariz de Oliveira, Márcio Vicari, Gustavo Scandelari, Antonio Gavazzoni, Eduardo Mello, Aury Lopes Jr., Alberto Zacarias Toron, Jacinto Coutinho, Romeu Falconi, Ricardo Rosa, Rawlinson Ferraz e Luiz Zaslavsky.

Há muitos anos, li um livro de um professor doutor em Física que tinha o sugestivo título: "O andar do bêbado: como o acaso determina nossas vidas".[3] Ouso discordar. O acaso não existe. Deus serve-se dele quando não quer ser reconhecido.

Pelos mais variados motivos, Deus colocou esses profissionais exemplares em minha vida, nas mais diversas circunstâncias, nos erros e acertos, nos momentos de perigo, de dúvidas que por vezes me paralisaram, nas alegrias e tristezas, permitindo que a bondade de seus influxos benfazejos me ajudasse a controlar fraquezas mesquinhas de minha alma, buscando maior nível de dignidade moral, pelo garboso desejo da imitação.

---

3 MLODINOW, Leonardo. *O andar do bêbado: como o acaso determina as nossas vidas.* Rio de Janeiro, Ed. Zahar, 2009.

Afinal, devemos ter o ideal de passar pelo mundo como Cristo, deixando uma esteira de bondade, fazendo o bem (AT 10.38). "Que a tua vida - Lê-se no ponto 1, de CAMINHO, Obra clássica do Fundador do Opus Dei - não seja uma vida estéril. Sê útil. - Deixa rastro, - ilumina com o resplendor da tua fé e do teu amor".[4]

4 ESCRIVÁ, Josemaria. *Caminho*. 9ª ed. São Paulo: Quadrante, 1999, p. 27.

APRESENTAÇÃO

O livro *Crônicas de um Criminalista*, de Claudio Gastão da Rosa Filho, traz, de pronto, algumas reflexões ao debate. Pensamentos oriundos da pena de um Advogado – e um brilhante Advogado, quanto mais criminalista – são sempre motivo de júbilo por seus colegas. Mas, para além disso, é de se entender a consubstanciação desse muito particular ato de transmitir ideias.

Existe, de fato, todo um mistério no passar de experiências por parte de um causídico. Isso não é de nada novo. Por primeiro, obrigatório se recordar que Direito e literatura possuem noções cimentadas desde a Antiguidade clássica. Das catilinárias de Cícero à formação da profissão no período imperial (onde foi sedimentada com Teodósio I), a palavra e a letra assumiram importância destacada. Foi assim que Aulo Gelio, em *Noctes Atticae*, e Juvenal, em suas *Sátiras*, bem retrataram os advogados daqueles dias primordiais. O encanto do Foro passava, então, a delinear-se.

O passar dos séculos, no ocidente, apenas fez aprimorar esse estado de coisas. Afora tantos exemplos medievos, foi a partir do classicismo que se encontram relatos imperdíveis, justamente quando são inauguradas novas vertentes de pensamento filosófico e literário. Molière, com Bonafé, passa, então, da crítica dos advogados ao destaque de sua honestidade, enquanto tantos outros, acidamente, traçam sátiras a todo o estilo forense. Com as luzes posteriores da ilustração, nos finais do Século XVII, tem-se nova abordagem, mas foi com o subsequente romantismo que se passou à crítica mais formal. É, pois, o caso de Balzac, em sua *Comédia Humana*, e Victor Hugo, a apontar tantos problemas da Justiça e seus atores. A Justiça falha e a defesa dos injustiçados ingressa, assim, no inconsciente coletivo das pessoas.

Foi nos finais do século XIX, e já no século XX, que se descortinaram, por fim, as críticas e as falhas da Justiça por visão de advogados. De início, com lentes romanceadas. Depois, em tantos casos trazidos por Ferri, e que ganhou tanto espaço no Brasil. E a repercussão foi avassaladora. Deram-se, por aqui, subsequentemente, no decorrer do século passado, as visões ministeriais, com Roberto Lyra, ou as percepções de tantos ilustres Advogados e Professores, como seriam de se lembrar Dante Delmanto, Evaristo de Morais, Alfredo Trajan, Evandro Lins e Silva e o célebre exemplo de Antônio Cláudio Mariz de Oliveira, apenas para se dizer de alguns.

Tenha-se em conta, de toda forma, que, genericamente, boa parte da aproximação entre Direito e literatura ou versa sobre a expectativa da dedicação do jurista à literatura, ou sobre o fato de ser o Direito parte retroalimentável da própria literatura. Aqui, o que se verifica, contudo, é uma terceira via. Diz respeito, sim, ao Direito como literatura, transmitindo ideias e vivências de uma de suas partes vivas. O Direito, assim, pode se mostrar na literatura, como literatura ou da literatura. E, sobre isso, Shecaira, em seu *Direito e literatura*, com sublime propriedade, destaca que tais relações vão além do interesse do acadêmico. Interessa ao prático aqueles que lidam com o Direito. É-lhes, pois, fundamental.

Discorrer sobre a vida, casos e aventuras que a retumbante profissão imperial do Advogado impõe, como se diário fosse, a fim de marcar o passado e ajudar o futuro de outros, é missão das mais gloriosas. Para além disso, também vivências do cotidiano criminal são postas ao deleite público. Aqui, de pronto, o elogio primeiro a ser feito ao presente trabalho e apresentado nas presentes *Crônicas.*

Claudio Gastão da Rosa Filho, criminalista catarinense de escol, mestre pela centenária Faculdade de Direito da Universidade do Paraná, e associado do já centenário Instituto dos Advogados de Santa Catarina, bem caminha nessa trilha ao apresentar suas *Crônicas de um Criminalista.* Repisa, pois, as mesmas pegadas já postas por outro autor de similares *Crônicas,* o caríssimo e saudoso Paulo José da Costa Júnior. Advogado e Professor do velho e do novo mundo, Mestre das Arcadas de São Francisco e seu ilustre Catedrático, foi imortal e escritor de tantas passagens, e também de suas próprias *Crônicas de um criminalista.* Aqui o autor recorda sua vida profissional, passando aos mais jovens as marcas da experiência. Leitura necessária e obrigatória em um mundo cada vez com mais dificuldades, suas páginas são, como não poderiam deixar de ser, essenciais.

Mas também é de se elogiar o respeito da ética profissional, idealizada como a bússola de todo Advogado, no dizer do sempre Presidente do Instituto dos Advogados de São Paulo, Professor Ives Gandra da Silva Martins. Foi esse norte, bem como a necessária baliza e fiscalização da profissão, que ajudou a fomentar, ainda nos meados do século XIX, a necessidade do ajuntamento dos profissionais do

Direito da Paulicéia, berço das Arcadas, à Academia de São Paulo. E isso se deu em 1874, na formatação do que o mesmo Ives Gandra denomina da casa do Jurista, vista, justamente, no Instituto dos Advogados bandeirante. Além disso, a coragem, enaltecida por Sobral Pinto, também transparece das páginas postas pelo autor.

A este, portanto, todos os parabéns merecidos. Aos leitores, de todo o Brasil, e em especial da estimada Santa Catarina, o convite ao desfrute de avançar em uma vida dedicada à Justiça e à Advocacia, com passagens de encanto e sabedoria. Boa leitura das *Crônicas*, profissionais, mas que a todos interessam.

Renato de Mello Jorge Silveira

ADVOGADO

PROFESSOR TITULAR DA FACULDADE DE DIREITO DA UNIVERSIDADE DE SÃO PAULO

PRESIDENTE DO INSTITUTO DOS ADVOGADOS DE SÃO PAULO

BREVE PREFÁCIO

O livro de "Crônicas de um Criminalista" do Dr. Gastão constitui agradável narrativa sobre questões criminais em que atuou, apresentada com sinceridade, simplicidade, coerência e, muitas vezes, com humor.

Reconhecido advogado criminalista e respeitado por colegas, adversários, membros do Ministério Público e magistrados, nas crônicas que escreve, mostra as dificuldades do exercício da advocacia na área penal, em que, muitas vezes, para o próprio advogado a verdade dos fatos nem sempre é recebida do cliente em sua melhor versão.

Compreender o constituinte para bem defendê-lo, enfrentar algo insuperável na justiça brasileira, que é a lentidão seja, ou não, por força do acúmulo de processos, bem como lidar, às vezes, com a percepção superficial por parte dos julgadores dos fatos, quando não do próprio direito, além de opor-se ao "parquet" e buscar, durante os inquéritos, a "verdade real", não são missões das mais fáceis, razão pela qual os advogados criminalistas bem-sucedidos são os mais conhecidos na profissão.

O livro do Dr. Gastão descreve uma série de casos dos quais participou em que tais dificuldades são apresentadas ao lado de questões vitoriosas e de técnicas de defesa processual, quando não exclusivamente advocatícias, servindo, pois, de leitura ao mesmo tempo prazerosa e útil.

O livro hospeda algo que sempre considerei essencial para o advogado e que dois dos saudosos causídicos citados,

Raimundo Paschoal Barbosa e René Dotti, amigos diletos, ostentaram. Falo a respeito de ética profissional, que permanentemente orientou o autor desta obra e que entendo deva ser a bússola de todo advogado, como para meus alunos escrevi, na década de 80, no meu Decálogo do Advogado.

Não sem razão, prestou o Dr. Gastão homenagem a dois sacerdotes advogados, um deles falecido e canonizado em 2002, São José Maria Escrivá, e outro, admirável pregador com 92 anos, Francisco Faus.

É, portanto, com prazer que elaboro estas breves notas sobre este pequeno grande livro destinado à leitura de bacharéis ou não em Direito, certo de que os jovens advogados que o lerem muito aprenderão sobre a difícil arte e ciência de litigar na área penal.

Ives Gandra da Silva Martins

PROFESSOR EMÉRITO DA UNIVERSIDADE MACKENZIE, DAS ESCOLAS DE COMANDO E ESTADO-MAIOR DO EXÉRCITO - ECEME, SUPERIOR DE GUERRA - ESG E DA MAGISTRATURA DO TRIBUNAL REGIONAL FEDERAL – 1ª REGIÃO; PROFESSOR HONORÁRIO DAS UNIVERSIDADES AUSTRAL (ARGENTINA), SAN MARTIN DE PORRES (PERU) E VASILI GOLDIS (ROMÊNIA); DOUTOR HONORIS CAUSA DAS UNIVERSIDADES DE CRAIOVA (ROMÊNIA) E DAS PUCS-PARANÁ E RS, E CATEDRÁTICO DA UNIVERSIDADE DO MINHO (PORTUGAL); PRESIDENTE DO CONSELHO SUPERIOR DE DIREITO DA FECOMERCIO - SP; PRESIDENTE EMÉRITO DA ACADEMIA PAULISTA DE LETRAS-APL E EX PRESIDENTE DO INSTITUTO DOS ADVOGADOS DE SÃO PAULO-IASP.

Para minha querida esposa Cristiane, por ter me ensinado o significado do amor incondicional

Sumário

A missão do advogado

Acho que tenho TOC (Transtorno Obsessivo-Compulsivo). TOC por novas edições de livros clássicos. Gosto de ler os novos prefácios, ver a nova diagramação, etc. Já li inúmeras vezes o pequeno grande livro de Francesco Carnelutti "As Misérias do Processo Penal",[1] que inclusive pode ser encontrado em pdf na internet, mas esse fim de semana, ao entrar numa livraria com minha esposa e ver uma nova publicação, não resisti: comprei e reli de um só fôlego as pedagógicas orientações e constatações do mestre italiano.

Essa é uma obra que deve ser lida pelos estudantes e meditada pelos profissionais que por certo se identificarão em muitas passagens. Eu mesmo posso citar várias correlatas com meu dia a dia.

Carnelutti conta que ganhou um quadro de um discípulo que posteriormente se tornara um dos advogados mais famosos de Roma na ocasião em que deixara a cátedra de Milão. A figura retratava as mãos de um encarcerado presas nas algemas. Uma das mãos, à esquerda, tombada para baixo, inerte, em ato de desalento; a outra, sobreposta, volve a palma para o alto, como aquela do pobre que pede a caridade. Há toda a psicologia do encarcerado naquele pequeno quadro.

1 CARNELUTTI, Francesco. *As misérias do processo penal.* São Paulo. Ed. Ejur, 3ª ed., 2017.

CARNELUTTI
AS MISÉRIAS DO PROCESSO PENAL
As Misérias do Processo Penal
CARNELUTTI
Zé Dassilva

Semana passada, eu também recebi um quadro de presente de uma querida cliente. Era uma pintura que pertencia à família dela há anos, de grande valor sentimental. Na imagem, aparece um homem no campo, sentado, olhando para o horizonte tendo a sua frente uma árvore horrorosa.

Ao ver que olhei sem graça para o presente sem entender bem o significado, ela me explicou: "Dr. Gastão, queria lhe dar algo para demonstrar minha gratidão. Esse quadro mostra um homem que mesmo mirando coisas feias consegue enxergar algo de belo, igual ao que o senhor conseguiu fazer comigo".

Abraçamo-nos e chorei. Chorei ao relembrar o calvário daquela pobre mulher, a turbulência emocional pela qual passou ao enfrentar um processo extremamente injusto.

Não consegui agradecer. Talvez por isso tenha comprado mais uma reedição do Carnelutti, pois meu inconsciente deve ter conectado as lições contidas na obra e gravadas nos escaninhos de meu coração desde a primeira leitura nos bancos universitários: com a missão do advogado de comungar com o réu a eucaristia da dor e buscar, se não uma absolvição, pelo menos que o juiz não se descure da advertência bíblica de que "a punição não pode ser maior do que o pecado".

Justiça no altar

Recebi uma ligação marcando uma consulta para o outro dia cedo. Após desligar o telefone, fiquei curioso e intrigado: o que seria tão urgente e grave? Qual processo criminal teria sido deflagrado contra esse senhor? O que tanto lhe atormentava a alma, de estreitíssima união com Deus, modelo de piedade e devoção? Qual a causa de sua angústia, facilmente perceptível no tom de sua voz?

Algumas pessoas vivem segundo a regra de ouro de George Bernard Shaw, que é viver sem regra alguma. Ele não. Tinha uma postura magnânima, era na essência um conservador, que resistia de todas as formas à entropia social.

Seguia fielmente o catecismo e já gozava de certa idade, além de enorme prestígio não só entre os fiéis, como no seio da Santa Igreja Católica Apostólica Romana, na qual exercia o mister de bispo, o que me deixava mais intrigado acerca do assunto que trataríamos no dia seguinte e cujo conteúdo não quis antecipar pelo telefone.

Compareceu pontualmente e com o processo em mãos. Após analisar os autos, para tentar acalmá-lo, expliquei que não se tratava de, sob o ponto de vista jurídico, uma acusação que demandasse tamanho sofrimento, posto que a resposta penal, em caso de condenação, não seria uma pena corporal de prisão, uma vez que as circunstâncias jurídicas

possibilitariam, na pior das hipóteses, o cumprimento de serviço comunitário.

Parecia que quanto mais eu tentava minimizar o caso a fim de tranquilizá-lo, pior as coisas ficavam. Ele, aflito, interrompeu-me indagando: "O senhor quer dizer que vou ser condenado?". "Não, nada disso, estou apenas desenhando o que pode acontecer se tudo der errado", respondi.

Mudei o rumo da conversa. Para os homens de bem, a única solução admissível é um veredito de inocente, pois afinal, como tinha aprendido ao ler nos bancos universitários o grande jurista Carnelutti: "La gente cree que la pena termina com la salida de la cárcel, y no es verdad; La gente cree que el ergástulo es la única pena perpetua, y no es verdad. La pena, si no propiamente siempre, em nueve de cada diez casos, no termina nunca. Quien ha pecado está perdido. Cristo perdona, pero los hombres no".[2]

Logo me convenci do absurdo da acusação relacionada ao fato imputado pelo Ministério Público de que durante uma missa em homenagem à santa padroeira da cidade, oficiada na igreja matriz local e transmitida ao vivo pela rádio líder em audiência na região, o bispo havia proferido considerações que denotavam preconceito de religião e atingiam a honra e a dignidade da sedizente vítima. Nesse contexto, conclui o promotor que teria ocorrido a prática dos crimes de difamação e injúria agravada pelo preconceito religioso e discriminação religiosa, previsto nos artigos 1° e 20, § 2°, da Lei 7.716/89 com as alterações previstas na Lei 9.459/97.

O promotor de Justiça pinçara trechos do sermão proferido por Sua Excelência Reverendíssima extraídos de uma passagem da Bíblia lida apenas para ilustrar uma situação que então vivia a comunidade. Confundia o objetivo de advertir e esclarecer os fiéis com o de injuriar ou difamar a suposta vítima, que convenhamos, não passava de um grande picareta.

Sim, pois a suposta vítima, após ser excomungada da Santa Igreja Católica, na maior cara de pau, fundou uma igreja, autoproclamou-se bispo, e, paramentado com as roupas de seu antigo mister, cobrava para realizar milagres e curas, gerando enorme confusão entre a população que passou a questionar se haveria novo bispo na diocese.

2 Carnelutti, in Las Miserias del Processo Penal, 1959, p. 126.

Com a intenção de esclarecer os fatos, o religioso havia feito o alerta no sentido de que a suposta vítima não fazia mais parte da Igreja Católica e, por isso, os atos por ele praticados não condiziam com as orientações do Vaticano, pois se tratava de outra religião.

As circunstâncias dos fatos, omitidas na denúncia por má fé ou um lapso involuntário da inteligência de seu subscritor, demonstravam a carência do imprescindível *animus diffamandi vel injuriandi.*

Expliquei a estratégia de defesa, o que o deixou mais tranquilo e entusiasmado principalmente pelo fato de que Jacinto Nelson de Miranda Coutinho, um de nossos mais respeitados juristas, meu amigo e hoje compadre, teria aceitado subscrever um parecer gratuito em abono à tese que seria discutida através da impetração de habeas corpus. Visivelmente aliviado, indagou: "Vamos ganhar fácil, então?".

Com extremo cuidado e medindo as palavras para não ressuscitar o desespero no bondoso homem, expliquei que não era bem assim, pois alguns juízes têm o complexo de Pilatos, e lavam as mãos...

Ao invés de enfrentar o mérito da imputação, saem pela tangente amesquinhando a garantia constitucional do cidadão de atacar abusiva ilegalidade através da impetração de habeas corpus, sob o argumento de que referido instituto não se presta a análise de prova. Para minha surpresa, o bispo manifestou enorme entusiasmo e me indagou o valor dos honorários. Respondi que não se preocupasse que depois acertaríamos.

Impetrei o habeas corpus perante a Turma de Recursos, pois, como os crimes tinham menor potencial ofensivo, o julgamento não seria perante o Tribunal de Justiça, onde o feito após distribuição para um desembargador seria posteriormente julgado pelo colegiado. O julgamento era similar, mas a distribuição era para um juiz, e o julgamento contaria com a participação de outros dois magistrados.

No dia do julgamento, após minha sustentação oral, o juiz relator iniciou o voto exatamente como eu vaticinara, sustentando com argumentos fajutos, toscos e simplistas a dificuldade em analisar a prova na via estreita do habeas corpus.

Percebi a tendência de que um magistrado abriria a divergência, mas não me iludi com relação à possibilidade na mudança de voto do relator, pois era evidente que ele estava blindado a qualquer argumento contrário à esdrúxula fundamentação que articulava.

O segundo magistrado, de pronto, acompanhou o relator, e, esquecendo a advertência de Roberto Lyra de que "fala difícil quem não aprendeu o bastante para passar as essências no liquidificar pedagógico",[3] passou a esgrimir argumentos sofisticados e rebuscados que recitavam cantinela surrada e *démodé* no sentido de que não era admissível a análise de prova em sede de habeas corpus, ignorando os termos da impetração e da sustentação oral.

Era um discurso aparentemente sedutor, semelhante, por exemplo, ao articulado pelos defensores do aborto que se proclamam paladinos preocupados com o bem-estar das

3 LYRA, Roberto. *Como julgar, como defender, como acusar*. Belo Horizonte: Ed. Líder, 2003, p. 61.

mulheres, dizimadas aos milhões por causa de abortos clandestinos, sem se darem conta da loucura que é "defender" a vida de uma mulher viva à custa de uma que está para nascer.

É óbvio que se pode e se deve analisar a prova em sede de habeas corpus, pois, caso contrário, como reconhecer a falta de justa causa e conceder o writ na forma prevista no artigo 647, I, do Código de Processo Penal?

O que não se admite no âmbito restrito do procedimento do habeas corpus é a reabertura de um contraditório de provas. Não se admite a valoração, o cotejo, o balanço da prova. Os tribunais têm reiteradamente admitido ser perfeitamente possível o exame destinado à apuração da inexistência de justa causa para a submissão de alguém à instância penal, sempre constrangedora.

Ora, a aferição da procedência da alegação da falta de justa causa reclama, sim, o exame das provas angariadas ao longo do inquérito policial.

O que é vedado à defesa é dizer que os elementos de informação se contradizem para, em seguida, pugnar pela primazia dos benéficos sobre os incriminadores. No entanto, pode, com toda certeza, demonstrar que a denúncia carece de absoluta falta de anteparo probatório ou que o fato narrado não se ajusta ao figurino legal, sob pena de se deferir trânsito de denúncias ao desamparo de suporte probatório, esteadas apenas em meras suposições do órgão acusatório, pois o procedimento criminal, com todo o séquito de gravames que acarreta ao indivíduo, só é de se instaurar quando a denúncia se reporta a fato em tese delituoso, corroborado, *quantum satis*, por elementos probatórios.

O terceiro juiz, que na época já despontava como um dos grandes nomes de nossa magistratura e hoje na qualidade de desembargador do TJ-SC é reconhecido nacionalmente pelos atributos morais e intelectuais, pediu a palavra para abrir divergência na linha dos argumentos contidos na petição inicial.

Apesar do placar final desfavorável, não me senti derrotado. Perdi uma batalha e não a guerra. O voto vencido proferido pelo então juiz Hélio do Valle Pereira era reconfortante, pois a qualidade técnica dos argumentos jurídicos em comparação com os doutos votos vencedores era acachapante.

Recorri da decisão. Os cinco ministros do Superior Tribunal de Justiça votaram de forma unânime para trancar a ação penal e durante o julgamento elogiaram o magistrado cujo voto vencido serviu como farol para iluminar os caminhos da Justiça.

Quando dei a notícia ao bispo, ele segurou as lágrimas, abraçou-me e voltou a perguntar: "Quanto lhe devo?".

José Maria Escrivá adverte no item 979 de Caminho: "É condição humana ter em pouco o que pouco custa. Esta é a razão porque te aconselho o 'apostolado de não dar'. Nunca deixes de cobrar o que for equitativo e razoável pelo exercício da tua profissão, se a tua profissão é o instrumento do teu apostolado".[4]

"Quanto lhe devo?", insistiu ele. Respondi, de pronto: "Peço que Vossa Excelência Reverendíssima reze por mim e deposite os honorários na conta corrente da amizade...".

---

4 ESCRIVÁ, Josemaria. *Caminho*. 9ª ed. São Paulo: Quadrante, 1999, p. 297.

O depósito foi feito e os juros renderam mais do que seriam auferidos em qualquer outra instituição financeira, pois passados mais de 20 anos, recebi uma mensagem do bondoso sacerdote que me comunicava que dentre as intenções que seriam dedicadas à missa daquele dia estava incluído o nome de meu amado filho, Claudinho, meu melhor amigo, que completava sete anos.

Advogado, o primeiro juiz da causa

Rui Barbosa, ao tratar do dever do advogado em resposta a Evaristo de Morais Filho, advertia: "*Se a enormidade da infração reveste caracteres tais que o sentimento geral recue horrorizado ou se levante contra ela em violenta revolta, nem por isto essa voz deve emudecer. A voz do Direito no meio da paixão pública, tão suscetível de se demasiar, às vezes pela própria*

exaltação da sua nobreza, tem a missão sagrada, nesses casos, de não consentir que a indignação degenere em ferocidade e a expiação jurídica em extermínio cruel".[5]

Sempre tive em mente esta lição de Deontologia Jurídica e a conjuguei em todos os meus casos, com outras duas premissas: uma sacrossanta dedicação ao cliente e a inabalável convicção sobre a tese jurídica a ser defendida.

Sou o primeiro juiz da causa. Não posso convencer um magistrado de algo no qual não acredito. Preciso estar convencido de antemão daquilo que vou sustentar, preciso estar emocionalmente envolvido com a defesa, espiritualmente comprometido com o cliente, para poder ter êxito perante o magistrado, pois o resultado de uma defesa mal articulada pode comprometer um dos bens mais valiosos do ser humano: sua liberdade.

5 BARBOSA, Rui. *O dever do advogado.* São Paulo: Ed. Rideel. 1ª ed., 2006, p. 32.

Entendendo a relação advogado-cliente num caso criminal

O trabalho do advogado criminalista guarda muitas semelhanças com o exercício da Medicina. Para atender um paciente, um médico não pode estar contaminado com um vírus contagioso. Precisa estar "imunizado", limpo. Da mesma forma, um advogado, embora comungue da eucaristia da dor vivida pelo réu e sua família, não pode se imiscuir no crime, reproduzindo práticas delituosas das quais seus clientes são acusados.

O defensor deve comprometer-se com a causa que abraça, dedicando todo o seu conhecimento e experiência para apresentar a melhor defesa que o suspeito possa ter. Isso, entretanto, nem sempre culmina com a absolvição.

Quem contrata um advogado deve ter sempre esse cenário em mente.

Muitas vezes, o papel do advogado é reunir provas, testemunhos e argumentos jurídicos que resultem na redução de uma pena ou num regime mais brando para seu cumprimento, como, por exemplo, a prestação de serviços comunitários ao invés do encarceramento.

Enfim, deve estabelecer metas realistas quando a condenação se mostra inevitável diante do material probatório apresentado pela acusação.

Nessas situações, a missão do defensor é trabalhar para que a verdade bíblica se concretize: a punição não pode ser maior que o pecado.

É função do advogado orientar seu cliente sobre como ele deve explicar sua versão, clara e objetivamente, evitando que o réu, ao se expressar de forma leiga diante do juiz, seja interpretado erroneamente.

Advogado não pode inventar provas, nem produzir uma falsa testemunha.

Considerado o “príncipe dos promotores”, Roberto Lyra ensina: na advocacia ética, não há espaço para ‘testemunhas de viveiro’, criadas para servir aos interesses do réu.

Recordo o caso de um homem que chegou ao meu escritório dizendo que havia cometido um assassinato e não sabia o que fazer com o corpo. “Onde está o corpo?”, indaguei. “Está no porta-malas do meu carro”, respondeu. Logo, emendei: “E onde está o carro?”. Para minha surpresa, ele revelou: “Está na tua garagem”

Mandei-o levantar e ir embora, dando por encerrada a consulta.

Esse episódio ilustra bem o princípio ético e moral de que um advogado nunca pode cruzar a fronteira que distancia um profissional do Direito de um mero delinquente.

Outra situação emblemática que nunca sai da minha memória aconteceu quando um assaltante me procurou anunciando que praticaria outro crime, me oferecendo um pacote cheio de dinheiro para que eu me apressasse em defendê-lo na data em que planejava praticar o delito, caso seu plano desse errado e ele acabasse preso. Se tivesse aceitado o dinheiro, moralmente, eticamente e juridicamente estaria comprometido.

O relacionamento advogado-cliente deve começar por uma consulta e, como ocorre nos consultórios médicos, ela deve ser paga.

Somente profissionais menos qualificados recebem um cliente para uma primeira conversa sem cobrar por isso.

Quando assume a causa, deve combinar claramente o valor dos honorários e até que ponto irá sua atuação, prevendo a eventualidade de uma condenação que exija recursos em tribunais superiores.

A OAB tem uma tabela para cobrança de honorários, mas os chamados "advogados de grife" não seguem essa referência. A fixação desses valores obedece a critérios intangíveis. Para efeito de comparação: um cirurgião plástico iniciante não pode ter a pretensão de cobrar o mesmo que cobrava o saudoso mestre Ivo Pitanguy.

Outro paralelo pode ser traçado com o mundo do futebol: um jogador de terceira divisão não pode reivindicar salários equivalentes aos de um Messi ou de um Cristiano Ronaldo.

Certa vez, presenciei um grande jurista informar na intimidade do escritório que pretendia cobrar R$ 100 mil por um parecer. O cliente insinuou que seria muito dinheiro em troca de algumas folhas de papel. O jurista, então, arrancou a última página onde constava sua assinatura e deu de presente o parecer.

Mesmo quando o réu é absolvido, em muitas ocasiões esse relacionamento pode continuar tenso. Isso ocorre porque o advogado passa a conhecer a alma do cliente e ser credor dos mais obscuros segredos daquela pessoa, mais até que seus familiares e amigos próximos.

Tive um cliente, inocentado, que se desviava de mim quando nos encontrávamos em lugares públicos, constrangido.

É direito do contratante denunciar o profissional na hipótese de se sentir prejudicado no decorrer do processo.

Entre os erros mais graves de um advogado estão: apropriar-se indevidamente de dinheiro do cliente (exemplo: indenizações pagas e não repassadas) e apresentar uma defesa deficiente ou fora do prazo previsto em lei por inépcia ou desídia.

No universo da advocacia criminal, essa perda de prazo ou defesa negligente pode representar a privação da liberdade, um prejuízo incalculável que termina se irradiando por toda a família do encarcerado.

A ditadura da presunção na Ave de Rapina

A simples instauração de um inquérito policial traz ao cidadão um tormento espiritual, na medida em que acarreta, por si só, uma punição antecipada.

O dia a dia forense mostra-nos que mencionado sofrimento que se irradia para toda a família e amigos do investigado é amplificado por prisões indevidas e denúncias oferecidas à revelia de justa causa, ou seja, de suporte probatório mínimo a legitimar a imputação, que deve vir alicerçada em elementos sérios e idôneos que demonstrem a materialidade do crime, bem como de indícios razoáveis de autoria.

Há muitos anos, defendi uma empresária acusada de encomendar a morte da amante do marido. O Ministério Público requereu sua prisão tomando por base escutas telefônicas nas quais a investigada falava em “códigos” com outra mulher supostamente tramando a forma de implementar o plano macabro. Essa “prova”, aliada a outros elementos, justificou a prisão e posteriormente a denúncia.

Quando examinei os autos e especialmente o conteúdo das escutas, após conversar com minha cliente na cadeia, consegui decifrar o enigma. O suposto código era uma conversa em um dialeto italiano que deve ter intrigado os agentes policiais que por certo desconheciam a língua.

Peticionei ao magistrado explicando a confusão e a cliente foi posta em liberdade e depois absolvida.

A Operação Ave de Rapina faz-me lembrar desse episódio de quase 20 anos atrás, pois novamente constato que a presunção que alimenta toda a investigação desaguou no menosprezo à Constituição.

O radicalismo furioso e punitivo, a promoção da ideologia opressiva, a substituição do democrático apurar e julgar pelo autoritário prender e punir ameaçam, como poucas vezes se viu, as garantias fundamentais da pessoa e do processo no Estado Democrático de Direito.

Não custa lembrar que o Código Penal do Império (1830), em seu artigo 36, determinava que nenhuma presunção, por mais veemente que fosse, poderia ensejar uma condenação. Os juristas da época afirmavam que essa regra de direito processual vinha inserida no Código Penal para "evitar as ligeirezas do espírito humano...."

Vejam o paradoxo da Ave de Rapina: enquanto três vereadores deixaram de ser investigados sob o argumento de que eram necessárias novas diligências, outros foram acusados precipitadamente, presumindo-se fatos que uma simples diligência poderia elucidar.

Vamos citar apenas um ponto dentre as várias arbitrariedades e equívocos: conclui-se com base numa lista mequetrefe apreendida com um dos acusados que determinado vereador teria recebido R$ 10 mil. Detalhe: alguns nomes que constavam na lista não foram denunciados, sendo incompreensível a seletividade ou o critério adotado.

Pois bem, bastaria perguntar para esse vereador, que compareceu e prestou depoimento, qual a origem do recurso, ou, na hipótese de ele usar o direito constitucional de permanecer calado, requerer a quebra do sigilo bancário e identificar a origem do dinheiro e para onde foi locado.

Somente a primeira parte foi feita, o que agrava a situação, pois a autoridade policial e o Ministério Público, com a autorização judicial de quebra de sigilo nas mãos, deveriam ter analisado os dados despidos da presunção que alimentou o equívoco de que a verba recebida era propina.

Insuportável equívoco. Tínhamos os extratos comprovando a origem e o destino do depósito. As circunstâncias nada tinham a ver com a investigação. Os tais R$ 10 mil correspondiam, na verdade, a uma corriqueira transferência bancária feita entre duas contas, de instituições financeiras diferentes, pelo mesmo titular. Dinheiro, aliás, proveniente da conta-salário do vereador, o que afasta qualquer especulação acerca da origem ilícita do numerário.

Infelizmente quando o juiz analisar a defesa já terão acontecido as eleições e, até lá, a exploração pelos adversários políticos produzirá um estrago incalculável.

Certa vez, um dos mais respeitados membros do Ministério Público disse-me algo que nunca esqueci: "Acusar é sem sombra de dúvida um dos ofícios mais abrolhosos que o conjunto das instituições jurídicas alberga. Por isso, exige de seus agentes virtudes indeclináveis, como a prudência e a Justiça, sem as quais a acusação fatalmente se reduziria a uma máquina de exigir condenados".

Esses dizeres deveriam estar impressos na carteira profissional que todo promotor recebe no dia da posse, para ser lido, decorado e seguido como um catecismo deontológico a iluminar a nobre carreira.

Ave de Rapina: denúncia precipitada, inoportuna e inconstitucional

Tenho profundo respeito pelo Ministério Público, mas confesso: em quase 25 anos atuando no Direito Criminal, nunca vi uma denúncia tão inoportuna, precipitada e inconstitucional quanto a oferecida contra vereadores envolvidos na chamada Operação Ave de Rapina.

O MP não é obrigado a se pautar pelos interesses eventuais de candidatos, mas insisto que a iniciativa é inoportuna, ancorado no Código de Processo Penal, cujo artigo 10 estipula que, no caso de réu solto (situação atual de todos os indiciados na ação da PF), a promotoria deva respeitar prazo de 30 dias para apresentar ou não denúncia, embora possa ter mais tempo para fazê-lo na hipótese de necessitar novas diligências.

Em relação à Ave de Rapina, passaram-se quase dois anos desde o indiciamento e só agora vem a público a denúncia, a apenas três semanas das eleições.

Detalhe: o juiz que recebeu a documentação respeitará prazo de 15 dias para a defesa se manifestar. Ou seja, a sombra das acusações pairará sobre os vereadores durante todo o processo eleitoral em curso.

Quando afirmo que a denúncia é precipitada, baseio-me nas próprias ações da promotoria quando ela pede novas diligências e chama para reinquirição pessoas que, há dois anos, não se furtaram a apresentar suas explicações.

Se faltavam provas, se faltavam documentos, isso demonstra que a denúncia ainda não estava madura para chegar às mãos do juiz.

Detecto "provas diabólicas" nos autos, como a que incrimina um vereador que declarou publicamente seu voto favorável ao projeto original da Lei Cidade Limpa muito antes das supostas negociações que teriam ocorrido entre políticos e empresários de publicidade externa investigados pela PF.

Tal político afirma nunca ter usado os serviços dessas empresas, não há prova que o desminta, mesmo assim está sendo denunciado sob a alegação de que teria recebido cortesia de mídia publicitária dos empresários investigados.

Vejam bem, o MP não aponta qual empresa teria dado tal cortesia, quando esta teria sido dada e sequer informa onde foi veiculada a referida propaganda, violando artigo 41 do CPP que impõe esses esclarecimentos. Agora, como fazer a prova negativa? Como demonstrar que isso não ocorreu?

Recorro ao fiasco da Operação Moeda Verde para reforçar minhas teses. Pessoas que foram presas e indiciadas não foram denunciadas e algumas denúncias não foram aceitas pela Justiça. Quem garante que o mesmo não ocorrerá na Ave de Rapina? Daí minha grave preocupação com o momento escolhido pela promotoria para expor os suspeitos ao julgamento da opinião pública, com frequência despida de imparcialidade.

Não bastasse tudo isso, a denúncia da Ave de Rapina foi oferecida em desacordo com o princípio do promotor natural, que visa justamente impedir que haja designação de promotor *ad hoc* ou de exceção com a finalidade de processar uma pessoa ou caso específico.

A denúncia foi oferecida por representante do Ministério Público que não detinha atribuição, numa aventura jurídica que, se espera, não venha a ser acolhida pela Justiça.

Maria da Penha: *overcharging* e condenações abusivas

Na minha época de estudante, era permitido ao acadêmico que estivesse cursando a 7ª fase de Direito tirar a carteira de estagiário, que, entre outras benesses, autorizava advogar perante a Justiça do Trabalho.

Mal iniciara o ano letivo, eu e um colega, após a obtenção da referida carteira, passamos a atuar. Eu representava os empregadores, ao passo que ele, os empregados. No semestre seguinte, enquanto esperava no ponto de ônibus, meu amigo parou dirigindo um carrão, ofereceu-me uma carona e, antes que eu pudesse entrar, brincou que eu deveria mudar de lado.

Não tiro seus méritos, era um excelente advogado, mas naquele tempo quem patrocinava causas para os empregados podia fazer requerimentos irritantes e pleitos descabidos que não acarretavam nenhuma consequência para o empregado, usualmente tido como o "coitadinho". Não era aplicada a sucumbência ou a litigância de má fé.

Diante daquele rosário de pedidos dos mais esdrúxulos, desarrazoados e absurdos, o defensor do empregador que se virasse, desse um jeito para provar que o empregado estava mentindo.

Nas audiências, o juiz sempre partia do valor pedido abusivamente como parâmetro para forçar um acordo, fazendo aquela comparação, "olha doutor, ele pede R$ 50 mil (em moeda atual), quem sabe o senhor paga R$ 20 mil... Melhor do que correr o risco da sentença!".

A maioria dos advogados, entre os quais eu me incluía, acabava aceitando, embora o reclamante não tivesse direito a mais do que R$ 10 mil, pois para recorrer também tinha que pagar custas e o valor era alto.

Restava apenas lutar pelo parcelamento dos R$ 10 mil...

Assim que me formei e pude advogar em plenitude, nunca mais aceitei uma causa trabalhista, embora ao me especializar na área criminal tenha percebido que algumas acusações derivam de um fenômeno similar que se convencionou chamar de *overcharging*, que nada mais é do que uma acusação excessiva, feita com o evidente escopo de se conseguir uma vantagem processual.

No início da carreira, atuei em outros setores, mas nada no mundo me arrastaria novamente para a Justiça do Trabalho, tamanha a repulsa que criei.

Qual motivo dessas reminiscências? Porque toda vez que atuo em casos envolvendo a Lei Maria da Penha tenho aquela sensação de "*déjà vu*".

Se amanhã minha esposa for à delegacia e disser que cheguei bêbado, drogado e bati nela, pronto: medida protetiva, serei exilado do meu lar e condenado. Basta a palavra da suposta vítima e um simples laudo de lesão corporal para que a condenação esteja selada.

Pouco importa que eu arrole como minhas testemunhas pessoas de bem que convivam comigo, pois a palavra da vítima nesses casos tem um valor vitaminado, o que é compreensível, pois esse tipo de crime no âmbito familiar geralmente não tem testemunhas, acontece à sorrelfa.

É o mesmo critério que se utiliza nos crimes sexuais. Cada vez mais a sinceridade, a segurança, a firmeza e a coerência exigidas da palavra da vítima para uma condenação estão sendo mitigadas.

Se uma vítima relata um padrão de agressão (o cara é ciumento, violento, tem amantes, vive bêbado) e a defesa traz testemunhas atestando o inverso, pessoas que saíam durante anos com o casal e percebiam que a ciumenta era ela, que ele era meigo e gentil, não bebia, não era do tipo que tinha amantes, esses depoimentos são acoimados de abonatórios, secundários, sem grande valor.

Essa leitura reducionista e simplória tem sido corriqueiramente chancelada pelos tribunais.

Vou contar um caso recente. Fui contratado para defender um conceituado dentista que tinha sido acusado de lesão corporal, tendo em vista um soco desferido no olho da ex-companheira, e de ter perturbado o sossego da suposta vítima obstruindo a saída dela da garagem do prédio onde residiam e depois a perseguido pelas ruas como num filme de James Bond.

A juíza absolveu-o da contravenção penal de perturbação do sossego. A vítima disse que tinha filmagens de tudo e nada apresentou, embora tivesse se comprometido a fazê-lo. Nesse contexto, a palavra da vítima isolada não comportava uma condenação.

Entendimento oposto teve a magistrada em relação ao crime de lesão corporal, no qual o acusado foi condenado na intensidade do libelo inaugural.

Bastava simples leitura para perceber que a sentença era insuportavelmente contraditória, pois a palavra da vítima ou serve ou não serve. Não podemos dividir a prova.

Na sustentação oral perante o TJ-SC quando do julgamento do recurso de apelação, relembrei um caso de quase 20 anos atrás no qual um jovem tinha sido condenado por estupro e atentado violento ao pudor, figuras típicas inseridas

na época nos artigos 213 e 214 do CP, a uma pena de 12 anos de prisão, metade por cada delito.

A vítima disse que o coito anal e vaginal decorrera de grave ameaça. A defesa não negou o ato, todavia refutou o dissenso que caracterizaria os crimes.

Por infelicidade, o então assistente de acusação usou uma linha de argumentação que aproveitei para desbravar o árido caminho em direção à absolvição. Ao reconhecer que réu e vítima namoravam, afirmou que ela era uma moça de família e mesmo que tivesse consentido no ato sexual normal, o que em tese afastaria o estupro, o sexo anal foi forçado, devendo pelo menos ser mantida a condenação por esse crime.

Pronto, arruinou o processo, pois se ela mente com relação a um crime, quem garante que podemos aceitar sua palavra em relação a outro? Genésio Nolli, saudoso desembargador conhecido pelo rigor com que analisava as provas, abriu a divergência que culminou com a absolvição. "Não podemos dividir a prova, ou ela serve para condenar pelos dois crimes ou não serve para nada", disse na ocasião o grande magistrado com quem muito aprendi.

O caso que apresentava à Corte era similar ao julgado há duas décadas, e o juiz, ao perceber que a vítima indicava possuir provas que sonegara, como, por exemplo, as filmagens, deveria, a partir daquele momento, olhar com reservas para tudo que ela falasse.

Poder-se-ia indagar: e o laudo de lesão? O laudo trazia no mínimo o borbulhar da dúvida, pois é contraditório com o relatado no boletim de ocorrência onde consta que ela teria recebido um soco na cabeça, sido agarrada pelos cabelos, arrastada e empurrada diversas vezes.

O perito constatou lesões diferentes daquelas registradas. Atestou um soco no olho direito nunca antes relatado e manchas roxas nos braços, o que é difícil para quem foi empurrada e não agarrada.

Lamentavelmente essa versão contraditória e o laudo sustentaram a condenação, desprezando a hipótese de autolesão.

Não foi dado importância para o fato de que as acusações surgiram após transcorrer algum tempo e foram contemporâneas à cobrança de bens levados pela suposta vítima.

Um dia, quando o acusado voltou ao lar, encontrou um bilhete de despedidas. A mulher amada partira, não sem antes levar as joias que foram da sogra e pertenciam à sua filha, e uma santa barroca que era da coleção de seu falecido sogro.

Por coincidência, meses depois, quando meu cliente telefonou pedindo de volta os objetos surrupiados, foi acusado com base na Lei Maria da Penha.

É aquele ditado: não acredito em bruxas, mas que existem, existem...

Várias pessoas foram ouvidas, pessoas que conviviam com o casal e desmontaram o arcabouço narrativo da vítima. Depois de abandonar a casa do acusado, ela permaneceu na residência de amigos comuns que não viram lesão, pessoas que atestaram a total impossibilidade de serem verídicas as agressões alegadas.

Antes de encerrar a sustentação oral, voltei ao laudo pericial onde os *experts* atestaram ter encontrado digitiformes, ou seja, marca dos dedos, o que poderia facilmente materializar a agressão, bastando comparar com as digitais do réu. E por que não foi feito? Porque ela afirmou para os peritos que o autor era desconhecido.

O artigo 158 do CPP diz que quando a infração deixar vestígios será indispensável o exame de corpo de delito, direto ou indireto, não podendo supri-lo a confissão do acusado. É a mesma coisa alguém quebrar o vidro do meu carro e, antes de registrar a queixa, eu limpar com um pano as digitais.

A suposta vítima garantia ter filmagens de uma perseguição que, entretanto, nunca apresentou. Afirmara que o zelador e o vigia foram omissos no socorro, e embora num primeiro momento dissesse que o delegado omitira tal fato do inquérito, depois negou tal relato à mencionada autoridade. Por fim, ao ser alertada de que existiam digitais em seu braço, alegou que não sabia quem a agrediu. É possível crer num depoimento desses?

Não sei como explicar o incremento dos crimes praticados covardemente contra mulheres, mas não é através de uma aplicação equivocada de uma boa lei, no caso a Maria da Penha, que será resolvido esse tema, valendo lembrar que a recente reforma trabalhista tem propiciado soluções mais justas.

Infelizmente, o tribunal manteve a condenação, tomando por base o laudo pericial e a palavra da vítima que por analogia podem ser comparados aos braços da cruz onde um inocente foi imolado.

A dor dos inocentes

A acusação era gravíssima e repugnante: estupro de vulnerável. O pervertido acusado teria adentrado num colégio, por volta do meio-dia, e ao ser abordado por um funcionário que achou estranha sua presença no local, pois nunca o tinha visto, aceitou a desculpa de que ele estava procurando a filha. Desconfiado, relatou o fato a outro colega de trabalho cuja suspeita logo se dissipou, pois viu referido homem caminhar tranquilamente de mãos dadas com uma criança que concluiu ser sua filha.

Acontece que não era. Era uma inocente menina de sete anos que, arrastada pela mãozinha, foi conduzida até o banheiro dos funcionários daquela escola municipal, local onde a pobre e indefesa criança foi obrigada a praticar atos libidinosos para satisfazer animalesca lascívia, cuja monstruosidade não vale a pena replicar.

O colégio tinha circuito de câmeras e tudo foi filmado. As imagens foram enviadas para perícia e comparadas com fotos extraídas do Facebook do suspeito. Segundo destacou o promotor na denúncia, não havia dúvida de que ele era o autor do hediondo crime, pois assim apontava a conclusão do laudo pericial que atestara a semelhança entre as imagens.

Quando o acusado me procurou com sua esposa e cunhada, não tive dúvidas em acreditar em sua inocência, não apenas pela coerência e sinceridade de sua narrativa, agregada ao fato de que ele tinha um álibi, mas por outras circunstâncias que desnudavam uma injusta acusação, daquelas que destroem famílias, reputações e vidas, pois a simples instauração de um procedimento criminal já representa uma punição para a pessoa de bem. O Estado já começa punindo para depois confirmar se de fato deve punir.

A turbulência emocional, a angústia ocasionada pela simples investigação e eventual denúncia por vezes a ferro e fogo marca a alma da pessoa e por extensão a de seus familiares de forma eterna, pois juntos passam a comungar a eucaristia da dor, que não raramente acarreta atroz desespero frente à injusta imputação que culmina com trágicos suicídios.

Designado o dia do julgamento, seriam ouvidas naquela data a vítima, seus pais, a diretora do colégio, os dois funcionários que viram o suspeito, além das testemunhas de defesa e, ao final, o réu.

Todos compareceram, e a solenidade teria início com a oitiva da vítima, que agora contava com 13 anos de idade. Ela seria inquirida por uma psicóloga em outra sala e nós acompanharíamos tudo por videoconferência, com a possibilidade de fazer perguntas.

Passados 40 minutos, um funcionário informou que a psicóloga estava tendo dificuldades em conversar com a menina.

Após ser intimada para depor sobre os fatos, tentara o suicídio dias antes da audiência pela depressão que lhe abatera o espírito por ter que relembrar os horrores que tinha passado. Para piorar, havia perdido o irmão mais velho num acidente de carro há poucos meses.

O juiz sugeriu que iniciássemos pela inquirição das outras testemunhas e aguardássemos para que nesse meio tempo a vítima tivesse condições de depor, o que foi aceito.

Passamos a ouvir então a primeira testemunha de acusação, a diretora do colégio. Era uma senhora por volta dos 60 anos que apresentava traços de quem um dia já foi bela, com uma postura impossível de não causar antipatia, devido à arrogância como se expressava e se apresentava: informalmente, antes de iniciar a gravação de seu depoimento, de forma orgulhosa afirmou que tinha sido a responsável pela solução do caso.

Iniciado o depoimento, após justificar sua ausência no local de trabalho no dia dos fatos, disse que, tão logo tomou conhecimento, viu imagens e presumiu...

Deixei-a falar. Não impugnei. Testemunha não presume nada. Ou sabe ou não sabe. Todavia, o instinto dizia-me para não a interromper. A presunção é afastada de nosso ordenamento desde o Código Penal do Império (1830), onde dispunha o Art. 36: "Nenhuma presumpção, por mais vehemente que seja, dará motivo para imposição de pena (grafia do original)". Os juristas da época diziam que essa regra processual vinha inserida no Código Penal para "evitar as ligeirezas do espírito humano...".

A garbosa diretora presumiu que o culpado fosse alguém da família, "ou era o pai ou alguém muito próximo", pois pelas imagens do circuito interno do colégio o criminoso chamou a menina e ela foi, logo, já era conhecido da criança, concluiu esboçando um sorriso de satisfação. Prosseguiu dizendo que entrou no Facebook da mãe e viu uma foto parecida com as imagens, tendo então chamado os funcionários e eles confirmaram que era a pessoa que tinha estado no colégio.

Os funcionários, relatou ela, agora sem conseguir disfarçar a empáfia e satisfação, teriam exclamado: "É ele, como a senhora achou essa foto?". Reafirmou diante da minha insistência que teria chamado os dois funcionários que no dia tinham visto o suspeito e eles separadamente reconheceram como sendo o da foto do Facebook.

Bingo. Estava explicado tudo. Como disse no início, o acusado teria sido relacionado aos repugnantes atos sexuais através de fotografias suas extraídas do Facebook e que periciadas, segundo o Ministério Público, atestariam que "o indivíduo que aparece nas filmagens da escola é o mesmo das fotos das redes sociais".

Até aquele momento não tinha conseguido entender como fotos do então acusado teriam caído de paraquedas no meio do processo. Não registrava antecedentes, era um homem de bem, por que cargas d'água teriam surgido as fotos numa investigação que lhe imputava o crime de pedofilia? E mais, se existia um laudo atestando a autoria do crime, por que a investigação foi encerrada sem nenhuma outra providência?

O crime era grave, nas imagens aparecia uma pessoa pegando pela mão em plena luz do dia no interior de um colégio uma criança de sete anos, e não se pede a prisão preventiva do suspeito quando restou identificado?

Não se requereu escuta telefônica, busca e apreensão, pois nesse tipo de crime a experiência nos revela um padrão, como, por exemplo, fotos armazenadas no computador, troca de mensagens com outros pervertidos, etc...

Nada foi feito. Por que não tentar identificar outros casos e pedir a prisão para evitar outros crimes? Afinal, estávamos diante de um caso clássico de prisão preventiva, pois segundo o promotor, existia um laudo atestando a autoria.

A incompetência deve ter sido obra da Providência Divina, caso contrário, o sofrimento do pobre acusado teria sido maior...

A presunção da testemunha era de uma bizarrice tremenda. Quantas crianças são sequestradas justamente por irem ao encontro de estranhos ao serem chamadas?

Irritado, indaguei: "Por que a senhora não disse isso na polícia? Seu depoimento agora é inovador". Se a diretora do colégio tivesse relatado na polícia o que disse ao juiz, o desfecho teria sido outro. A mãe, quando foi ouvida pela polícia, foi tratada como suspeita. Afinal, a foto foi extraída de sua rede social, logo se presumiu que era amante do suspeito... Nem se deram ao trabalho de indagar o motivo pelo qual a foto estaria no seu Facebook, o que seria facilmente explicado. Ela trabalhava na casa do acusado.

A diretora negou que tivesse prestado depoimento na delegacia. Indaguei de novo e, diante da nova negativa, mostrei o depoimento prestado por ela e, mesmo assim, ela continuava a negar, então comecei a ler e ela, por fim e a contragosto, reconheceu a veracidade, procurando justificar a mentira.

Tirei então minhas presunções que no caso tinham base fática: a diretora tentava a todo custo tirar a responsabilidade do colégio, queria passar a impressão de que tinha sido um fato isolado e que na hora já tinha tomado providências.

Indaguei se ela sabia que, pelas imagens que ela entregou para a polícia, o suspeito no dia antes de abordar a vítima tinha tentado fazer o mesmo com quatro outras crianças?

Ela negou. Disse que não sabia nada sobre isso. Ao mostrar para ela que o laudo registrava de forma inconteste imagens que provavam que, antes de abordar a vítima, o suspeito tinha feito o mesmo com outras crianças, nada mais perguntei. Aguardei os depoimentos de dois funcionários que, segundo a diretora, teriam visto o criminoso. Estes prontamente o reconheceram pela foto, sem a menor dúvida.

O reconhecimento feito na polícia tinha sido negativo, todavia, pela segurança com que a diretora fez a afirmação, fiquei pensativo se ela, na qualidade de superior hierárquica deles, teria feito com que mudassem a perspectiva.

O segurança do colégio de pronto foi indagado pelo promotor se reconhecia o acusado como a pessoa que teria sido vista no dia dos fatos narrados na denúncia.

A indagação era manifestamente abusiva e ilegal. Existem formas de se proceder a um reconhecimento e decididamente aquela não era uma delas, pois a chance de reconhecer uma única pessoa apontada pelo Ministério Público como autora aumenta consideravelmente.

Ora, o Código de Processo Penal no artigo 226 traz de maneira pedagógica como deve ser realizado o reconhecimento judicial, mas novamente minha intuição impediu o protesto, pois tinha certeza de que não existia a menor possibilidade de o reconhecimento ser positivo, até porque referida testemunha tinha sido categórica na fase policial, pouco após os fatos, em rechaçar a possibilidade de reconhecer o suspeito, o que foi confirmado em juízo, desmentindo de forma categórica a diretora do colégio.

Nesse meio tempo, a vítima foi ouvida e reiterou o que tinha dito anteriormente: o acusado era inocente.

Olhei para o promotor e indaguei: "Acho que posso declinar de minhas testemunhas. Vamos interrogar o réu e o senhor vai pedir a absolvição?".

Existem promotores de Justiça que não têm compromisso com o equívoco. Portam-se como verdadeiros apóstolos dos ensinamentos do imperador romano Marco Aurélio e não hesitam em "deixar o erro de um outro ali onde ficou".

Outros disputam condenações para laurear sua biografia, como narra o livro de ficção "De Quando Éramos Iguais", escrito pelo promotor de Justiça Eduardo Sens, cujo personagem central é um promotor que mesmo diante da dúvida não claudica em pedir a condenação, preocupado com sua promoção na carreira e com seu índice de vitórias.

Antes que o promotor aquiescesse com minha indagação, chamei atenção para o equívoco em relação ao laudo citado na denúncia que identificava o réu. Na verdade, a frase "o indivíduo que aparece nas filmagens da escola é o mesmo das fotos das redes sociais" era uma pergunta e não uma afirmação.

Por incrível que pareça, o digitador esqueceu-se de colocar o ponto de interrogação, mas bastava virar a página para ver a resposta negativa ao quesito. Não existia compatibilidade entre a foto e as filmagens. A altura e outras características atestadas pelos peritos eram diferentes.

O promotor envergonhado culpou o estagiário e pediu a absolvição que foi decretada pelo magistrado em audiência.

Não tive ânimo para comemorar a vitória. Saí angustiado do fórum. Poucas vezes em minha vida me senti tão mal. O processo durou seis anos, período em que o acusado teve depressão, pensou em se matar, mas, enfim, vai conseguir virar essa triste página de sua vida e seguir em frente.

Mas e a pobre menina, cuja pureza foi torpemente violentada? No dia seguinte, liguei para a mãe dela. Ofereci para a família um passeio com tudo pago ao Beto Carrero e também me propus a custear tratamento psicológico.

A mãe, cuja dignidade e altivez na voz dificilmente esquecerei, agradeceu-me e recusou.

Despedimo-nos e desliguei o telefone rezando para que da próxima vez que o pedófilo atacar, pois haverá uma próxima vez, não exista uma diretora de colégio que, ávida por encontrar um culpado a fim de eximir seu empregador da responsabilidade, comprometa a higidez da investigação.

Falsos amores, falsas acusações

Fui apresentar um pedido de reconsideração para um desembargador que negara uma liminar para suspender um mandado de prisão em face de uma acusação por estupro.

Após falar sobre o processo, fiz um desabafo, motivado por estar diante de um magistrado piedoso, humano e preocupadíssimo em fazer Justiça: "Desembargador, esse caso mexeu muito comigo. Desculpe a audácia, mas confesso que a cada dia vejo mais banalizada a análise de provas em torno de relatos envolvendo crimes sexuais. Já acompanhei episódios nos quais era desfiado um rosário de falsas imputações, motivadas pelos mais espúrios e torpes interesses. Dias atrás, Excelência, estive com a família do acusado e pude ver o sofrimento no semblante de seu pai, um homem honrado, e testemunhar o tormento espiritual que abatia a alma e o coração contrito e humilhado da sua bondosa mãe".

O magistrado respondeu: "Doutor, o senhor não pode absorver tanto os problemas alheios, faça sua parte e basta". "Para mim, não", rebati, "o dia em que eu deixar de comungar com o réu a eucaristia da dor, nesse dia estarei acabado, não serei mais advogado. Terá chegado a hora de parar. A injustiça me maltrata, me perturba, me tira o sono".

Hoje, como de costume, acordei por volta das 3 da manhã. Ao levantar, rezei e fui estudar o caso objeto da minha conversa com o desembargador, cujo julgamento se avizinhava.

3:00

Não pude deixar de refletir sobre as falsas acusações patrocinadas por moças oportunistas que procuram fama, dinheiro ou às vezes as duas coisas.

Incrível como tenho sido procurado para atender rapazes ricos que se casam ou se amontoam com moças simples que de repente, à sorrelfa, comparecem diante de um delegado para registrar uma ocorrência, logrando êxito mais adiante em obter uma liminar para afastar o companheiro da casa onde residiam e que, aliás, já pertencia ao cônjuge varão muito antes do relacionamento.

Há poucos meses, no final da tarde de uma sexta-feira, tocou o telefone. Do outro lado da linha, estava uma moça desesperada dizendo que não aguentava mais as ameaças e acabara matando o companheiro. Implorava para eu "quebrar o flagrante", porque tinha um filho menor e, por isso, não poderia ser presa. Disse que já tinha uma medida protetiva contra o falecido e testemunhas das sevícias e humilhações que lhe eram impostas.

Aceitei a causa, até porque tecnicamente para impedir a lavratura do flagrante basta comparecer à delegacia e se apresentar espontaneamente para prestar depoimento. Simples, mas o leigo e muitos advogados não conhecem esse macete. Pois bem, levei a cliente para depor. Ela entrou e saiu comigo pouco depois da delegacia. Livre, leve e solta.

Para mim, estava diante de um crime passional. O desprezo, o pouco caso com que o defunto tratava a esposa, os maus-tratos que infligia aos filhos, o clima de constrangimento que criara dentro do lar, onde todos muito mais o temiam que o respeitavam, mais o receavam que o estimavam, aceitavam-no e toleravam-no muito mais por obrigação do que por vontade própria, fatos, enfim, que poderiam ser discutidos para justificar o crime.

Tudo naquela defesa me despertava especial interesse, afinal, eu tinha obra publicada sobre o assunto, objeto de minha dissertação de mestrado aprovada com nota máxima há 25 anos.[6]

Acontece que, dias depois, a cliente me procurou e, não satisfeita por estar livre e o flagrante "quebrado", me indicou testemunhas que deveriam ser ouvidas, uma delas presente.

Ao conversar com a testemunha, logo senti que ela tinha uma conexão com a cliente que extrapolava uma simples amizade. Por impulso, pedi para ver as ameaças que o marido morto lhe tinha feito pelo telefone.

Ao ver o celular, não pude acreditar. Juras de amor... do falecido, fotos eróticas dela para outro e por aí adiante...

Saí do caso, não tinha a liberdade de espírito necessária para continuar, principalmente depois que aportou aos autos laudo atestando que a vítima tinha sido abatida covardemente a pauladas, dormindo, e, ademais, já tinha feito o trabalho para o qual fora contratado.

É claro que existem muitos exemplos de violência doméstica praticada por homens pusilânimes, mas nesses casos as vítimas procuram Justiça e não vantagem patrimonial.

---

6 Rosa Filho, Claudio Gastão, Crime Passional e Tribunal do Júri, Habitus, 2006.

Nos tempos da "câmara de gás"

Durante muitos anos, a 1ª Câmara Criminal do TJ-SC era pejorativamente designada pelos advogados como "câmara de gás", tamanha a severidade de suas decisões. Em alguns casos, era flagrante o descompasso na aplicação do Direito, não só quando comparadas as decisões proferidas pelos demais desembargadores integrantes de outras Câmaras de nosso tribunal, mas sobretudo com o resto do país.

Sou testemunha de casos em que dois presos em situações similares dividiam a mesma cela e enquanto um tinha auferido determinado direito em sua progressão de regime, outro recebia a glosa, pois tinha sido julgado pelo 1ª Câmara Criminal, o que, além de fomentar injusta insegurança jurídica, era extremamente frustrante para o condenado e para o advogado, que passava por inepto. Afinal, como explicar tamanho descompasso na aplicação do Direito? Na mente do condenado, geralmente pessoas simples, a explicação era simplista: competência ou incompetência do advogado.

Desde meus tempos de criança, sempre fui fascinado por julgamentos, e rotineiramente, enquanto meus colegas preferiam jogar bola, para mim a diversão era acompanhar meu pai nos atendimentos nos mais variados presídios de nosso estado e posteriormente nos julgamentos de nosso tribunal, que na época, em diversas ocasiões, tinha

suas decisões reverberadas em precedentes do Supremo Tribunal Federal.

Lembro-me de um caso no qual meu pai defendeu um homem que teve o filho vítima de um acidente fatal e, legitimamente inconformado com a pena aplicada, num ato de santo desespero, acabou publicando uma nota convidando para o enterro da Justiça. Intimado para se explicar, não se fez de rogado. Nova publicação em jornal de prestígio, desta feita convidando para a missa de sétimo dia.

Paradoxalmente esse sofrido cidadão de bem acabou condenado pela justiça por suas publicações, e faço questão de registrar a inicial com letra minúscula, a uma pena que por incrível que pareça foi similar à do algoz de seu pequeno anjo.

Nada mais injusto. Agregou-se à subversão da ordem natural, pois nunca um pai deveria enterrar um filho, a violência e a insensibilidade da decisão judicial. Mesmo diante de um fato que poderia ser ajustado a determinado figurino legal e culminar na aplicação de uma pena, o magistrado deveria olhá-lo de forma misericordiosa pelas lentes da clemência, farol que deve iluminar os corações dos homens de bem, pois afinal como nos ensina São Bernardo de Claraval: "O Deus justo, que não pode nem há de permitir que seja ofendida sua bondade, justissimamente te retorquirá com uma pena; mas temperará de tal modo a sentença, que, se quiseres emendar-te, não deixará de dar-te o perdão".[7]

Durante o julgamento desse sofrido pai, o desembargador-relator Ayres Gama Ferreira de Mello, ao votar pela absolvição, não se conteve e chorou. O voto foi acompanhado pelos demais desembargadores com os olhos marejados, pois todos seguravam as lágrimas.

O advogado é forjado na prática, nos embates e duelos travados durante as audiências no fórum e nos tribunais. Quando me formei, montei meu próprio escritório, pois, como dizia meu pai, "dois reis não cabem num mesmo castelo", mas nunca esqueci as lições que dele aprendi, e conto ligeiramente um caso.

Tive a sorte e a honra de ser apadrinhado por um dos maiores advogados do país, René Ariel Dotti.

7 CLARAVAL, São Bernardo. *Os graus da humildade e da soberba*. Rio Grande do Sul: Ed. Concreta, 2016, p.71.

Recém-formado, em todos os processos em que o referido causídico atuava em Santa Catarina, eu era convocado para auxiliar, entregando memoriais, despachando com magistrados, etc.

Num desses casos, ao ler os memoriais, sugeri uma tese.

No dia do julgamento, enquanto entrava no tribunal, encontrei meu pai. "Oi, Claudinho, aonde vai?". "Vou à sessão, estou acompanhando o professor René num "trial", brinquei exibindo-me ao falar em inglês, tamanha minha empolgação. "Que legal, vou junto."

No dia, o plenário estava cheio, afinal, ocupava a tribuna famoso jurista, autor de várias obras e coautor de inúmeros diplomas legais.

Poucos professores contribuíram tanto para nossa legislação como René Ariel Dotti, homem cuja cultura e talento se somam à bondade, generosidade e compaixão pelos que têm a infelicidade de sofrer um processo criminal.

Ao fazer sua sustentação oral, para minha surpresa, o professor cita minha tese, e com a nobreza e simplicidade que lhe é peculiar, agradece minha contribuição, outorgando-me o crédito.

Diante de tamanha honra ao ver um dos maiores advogados do país afirmar na tribuna perante os desembargadores que "agradecia a tese ora apresentada que fora desenvolvida pelo Doutor Gastão", mal acabara de iniciar meu sorriso, vejo meu pai ao meu lado levantar, agradecer o reconhecimento e sentar.

Diante do olhar e sinais dos desembargadores para meu pai com o dedo para cima parabenizando-o, ele me olha, dá uma piscada e diz: “Isso é para você aprender a ser esperto, para ser mais ligeiro”.

Óbvio que fiquei bravo com a situação, mas o tirocínio do meu pai muito me ajudou posteriormente e jamais esqueci aquela de muitas lições que ele me ensinou.

O advogado aprende analisando as decisões, aprende com os votos proferidos, com a dinâmica dos julgamentos e, principalmente, com as derrotas ou como se costuma dizer, “com o pau no lombo”.

Há de se ter humildade, pois, dentre os males da natureza que não têm cura, um deles é a vaidade. Acontece que dificilmente se extrai dos votos de antanho proferidos pela 1ª Câmara Criminal algo de bom, era um show de horror, assistir aquilo era um tormento espiritual indescritível. Não se trata de uma crítica em face de decisões adversas. Nada disso.

Recentemente, participei de um julgamento no qual o desembargador Fornerolli começou dizendo: “O Doutor Gastão é nosso Pavarotti”, fazendo referência ao famoso tenor já falecido. “Consegue transformar um funk numa ópera, mas a realidade dos autos mostra que não é bem assim”, e foi desenvolvendo seu voto totalmente contrário à minha tese.

No final, após o julgamento, brinquei com ele: “Desembargador, me deu vontade de votar com o senhor”. Ele me venceu e me convenceu. O que aprendi usei em outros casos nos quais saí vitorioso.

O problema, como disse, era a qualidade do que decidia antigamente a 1ª Câmara Criminal. O tempo, com a graça de Deus, mudou essa triste e fúnebre perspectiva, pois alguns desembargadores se aposentaram, outros morreram e rogo para que eles não sejam julgados pela mesma régua com que julgaram o semelhante.

Os desígnios divinos trouxeram para a alcunhada "câmara de gás" nova composição que considero uma plêiade do bem, composta pelos desembargadores Carlos Alberto Civinski, Ariovaldo Ribeiro da Silva, Hildemar Meneguzzi, Ana Lia e Paulo Roberto Sartorato.

Óbvio que temos outros grandes desembargadores em nosso tribunal, pessoas estudiosas e dedicadas. Cito, por exemplo, o desembargador Getúlio Corrêa, integrante da 3ª Câmara Criminal, que ao votar em processo dificílimo sob o ponto de vista da análise da prova, citou determinado depoimento no qual, além de mencionar o que a testemunha teria dito, ainda falou da cor da minha gravata, o que realça o grau de perspicácia e detalhes que não passaram desapercebidos.

Vida longa aos novos desembargadores integrantes da 1ª Câmara Criminal, cujas decisões nos lembram conselhos que deu D. Quixote a seu fiel escudeiro, Sancho Pança, na imortal obra de Cervantes: "Quando se puder atender à equidade, não carregues com todo o rigor da lei no delinquente, que não é melhor a fama do juiz rigoroso que do compassivo. Se dobrares a vara da Justiça, que não seja ao menos com o peso das dádivas, mas sim com o da misericórdia"[8].

8 CERVANTES, Miguel de, O engenhoso fidalgo D. Quixote de La Mancha , trad. Dos Viscondes de Castilho e Azevedo, Rio de Janeiro: Ed. Nova Aguilar, 1993, Segunda parte, p. 787

WhatsApp: mão invisível que assassina reputações

É reservado ao acusado o amplo direito à defesa, respeitando-se um prazo razoável para que ele possa exercê-lo. Desconheço jurista que discorde dessa tese. Infelizmente, na esfera política, o interesse midiático, agora retroalimentado pelas redes sociais, parece estar prevalecendo sobre princípios básicos da Justiça. Reputações são maculadas a granel, em compartilhamentos sem limites e sem possibilidade factível de apresentação dos contra-argumentos.

Esse fenômeno ganhou fôlego em eleições municipais na década passada, as primeiras nas quais o aplicativo *WhatsApp* se consolida como uma máquina para disseminação de ideias - e linchamentos morais.

Defendi um ex-governador que é um exemplo desse drama contemporâneo. Em 2010, quando o quadro sucessório estadual já estava se desenhando, o então governador viu suas chances de reeleição reduzidas drasticamente por uma denúncia do MP. Como seu advogado, lutei para que o desenrolar do caso fosse célere, inclusive em respeito ao eleitor, a quem cabe, em última análise, avaliar a integridade de um homem público.

Meu cliente não se furtou a apresentar suas explicações. Apesar da minha persistência, a eleição chegou e o ex-governador não obteve da Justiça a resposta rápida que esperávamos. Sua candidatura, àquela altura, estava comprometida, antes mesmo de qualquer sentença condenatória.

A denúncia foi rejeitada pelo magistrado de primeiro grau e o processo ainda corre na Justiça. Quem há de reparar as perdas políticas e morais do meu cliente? A história voltou a se repetir em 2016, justo no momento em que o ex-governador despontava com força na disputa eleitoral.

Pelo *WhatsApp*, ressurgem gravações telefônicas divulgadas há seis anos e cujo conteúdo não serve para confirmar sua culpabilidade, tanto que a denúncia não foi aceita em decisão proferida pelo juiz Alexandre Rosa, pós-doutor em direito, autor de várias obras jurídicas, palestrante internacional, enfim, um dos mais respeitados magistrados do Brasil.

Vem a pergunta: é correto do ponto de vista ético propagar acusações antigas como se novas fossem e ressuscitar "provas" duvidosas movido pelo *timing* da política? Numa democracia baseada na legalidade, creio que não seja.

Divulgar escutas telefônicas virou prática corriqueira, embora, sob a ótica do Direito, a atitude possa ser considerada criminosa.

O ex-governador não está sozinho nessa rede de pré-julgamentos via WhatsApp, onde, devido às próprias características técnicas do aplicativo, é praticamente impossível saber quem deu o *start*, quem postou pela primeira vez.

Certamente, o pontapé inicial é dado por adversários políticos, camuflados covardemente no anonimato e descompromissados com o rito da Justiça. Nos últimos dias, outro político que defendo, candidato a retornar ao comando da

Prefeitura de sua cidade, tem visto sua honra atacada por um *post* expondo a gravação de um depoimento que o vincula a suspeitas de irregularidades administrativas quando era prefeito, na década passada. Falta na postagem, todavia, a informação de que o depoente estava sob tratamento psiquiátrico e que depois se retratou.

Diferente dos programas do horário eleitoral gratuito, nos quais juízes podem arbitrar quando há excessos, no WhatsApp não há tribunais mediadores. Para muitos eleitores, se está postado, é porque é verdade.

O mesmo contexto aplica-se à Operação Ave de Rapina. Defendi - e continuarei defendendo - a tese de que o MP não deveria oferecer denúncia contra vereadores indiciados enquanto não fosse concluído o calendário eleitoral. Dois anos se passaram desde o indiciamento pela PF e até agora nenhum envolvido havia sido denunciado formalmente à Justiça.

Por coincidência (?), faltando pouco mais de três semanas para o pleito, vem a notícia: a promotoria irá denunciá-los!

Nas redes sociais, como uma onda, internautas aplaudem a "coragem" da promotoria, compartilham fotos e nomes, mas provavelmente se esquecem de que, até 2 de outubro, será inviável se chegar a um desfecho do caso.

Se havia estofo nas peças acusatórias, por que não denunciaram antes de iniciado o processo eletivo? Quem pagará o preço impagável da derrota e da desonra política? A falta de celeridade da Justiça, fato que muitos promotores responsabilizam em parte a nós, advogados, pode corroer carreiras. Esperar pela campanha eleitoral para lançar sombras sobre homens públicos que mais adiante poderão ser inocentados não me parece o melhor caminho.

Vimos situação idêntica na Operação Moeda Verde, na qual também atuei. Prisões arbitrárias, absurdas... Passados mais de 10 anos, muitos dos presos pela PF sequer foram denunciados! O eleitor, insisto, deve tomar cuidado para não se deixar levar pela maré de *posts* difamatórios e precipitados.

Consultem a internet, se informem, usufruam desse privilégio que o avanço tecnológico nos permite, mas não se tornem robôs manipulados por mãos que se escondem por trás de interesses jamais revelados.

O "efeito *Facebook*" no Tribunal do Júri

Em meu livro "Crime Passional e Tribunal do Júri[9]" cito a célebre frase de Napoleão Bonaparte: "Tenho mais medo de um jornal do que de 100 baionetas".

O imperador francês estava certo, só não poderia prever que a ameaça que o assustava ganharia proporções ainda maiores com o avanço da tecnologia.

A mídia, tão essencial na vida moderna, pode ser opressiva e pré-condenar o acusado, como se tribunal fosse. E aí está criada uma perigosa corrente: setores "marrons" da imprensa e agora as redes sociais dão seu próprio veredicto, interferem na avaliação da opinião pública e lá no final podem influenciar jurados responsáveis por decidir o destino de um réu.

Essa carga pesada pode recair também nos ombros do juiz, fato que fica evidente quando ele pronuncia um acusado, mesmo sem prova judicializada, estando muitas vezes "enfeitiçado" pela repercussão popular do crime em julgamento.

Posso exemplificar, de tantos casos acumulados ao longo da minha carreira, com o que aconteceu recentemente com um cliente que foi a júri em Itapema acusado de, junto com

9 FILHO GASTÃO, Claudio da Rosa. *Crime Passional e Tribunal do Júri*, Florianópolis: Ed. Habitus, 2006, p. 86.

comparsas, tentar matar uma pessoa, com as qualificadoras de motivo torpe e surpresa.

Seriam matadores a serviço de uma organização criminosa que teve um dos seus integrantes assassinado e queria vingança.

Trabalhamos em três advogados para montar a estratégia da defesa. Os dois colegas propunham o caminho da negativa de autoria. Minha tese, vencedora no primeiro julgamento (o caso havia sido desmembrado), era de que os réus tinham desistido do crime, situação prevista no artigo 15 do Código de Processo Penal.

A cena se passara numa perseguição de carro pelas ruas: a vítima corria na frente, os acusados atrás disparando, seguidos por uma viatura policial. Em determinado momento, a vítima virou para a direita. Os suspeitos foram para a esquerda. Para o MP, o alvo da suposta vingança só se salvara porque dirigia bem, ou seja, não houvera desistência por parte dos agentes. Todavia, no julgamento ficou claro para a maioria do Conselho de Sentença que ocorrera a desistência de consumar o crime.

O argumento do MP, aliás, não coincidia com o que a própria vítima assegurara: "Eles foram para o outro lado, desistiram"...

Meu cliente, que estava em julgamento naquela sessão, pegou uma pena pequena e foi solto. Logo no dia seguinte ao júri, estourou nas redes sociais uma campanha de desmoralização e ofensas aos jurados, tudo provavelmente estimulado por policiais revoltados que haviam sido testemunhas de acusação.

Jurados tiveram sua honra violentada em publicações patrocinadas pela PM de Itapema que contavam com dezenas de compartilhamentos, curtidas e comentários.

O objetivo era claro: emparedar e coagir os novos jurados que seriam convocados na semana seguinte para julgar o outro acusado, utilizando-se de frases irônicas como: "Aqui em Itapema bandido pode atirar em via pública que nada acontece".

No segundo julgamento, dessa vez com a opinião pública desfavorável, perdi, e o réu foi condenado por tentativa de homicídio agravada pelas qualificadoras e por outros delitos. A pena somada atingiu quase 30 anos de prisão.

Até que ponto o Conselho de Sentença havia sido contaminado pela pressão dos internautas no intervalo entre os dois julgamentos? Há motivos para acreditar que a influência tenha sido avassaladora.

Provocado por mim, logo no início da sessão do segundo julgamento, um dos jurados deu-se por impedido após confessar que se sentia influenciado pela mídia, e por isso não poderia julgar com isenção.

Outros três integrantes do Conselho foram afastados pelo juiz em função da suspeição que levantei pelo fato de terem curtido *posts* de conotação pré-condenatória na página da PM. A ação da mídia opressiva pesou no desfecho do novo júri.

Não é meu intuito desclassificar a importância vital da liberdade de expressão em um regime democrático. Todavia, não posso deixar de manifestar minhas preocupações quando vejo que um veredicto, ao invés de se pautar pela técnica e pela prova dos autos, busca índices de audiência.

A opinião pública não pode sequestrar a atividade jurisdicional, e o Judiciário não pode e não deve ser refém da mídia, pois a credibilidade da justiça criminal resulta afirmada pelo seu funcionamento seguro e sereno, pautada pelos princípios que regem o Estado de Direito.

A paixão no banco dos réus

Recém-formado, trabalhei alguns meses com meu pai, advogado com tirocínio e sagacidade peculiar. Não deu certo, incompatibilidade total de estratégias e formas de articular uma defesa. Talvez a cabala explique. O registro dele na OAB é 2.948. O meu, sorteado 20 anos após o dele, é justamente um número com os mesmos algarismos em ordem diversa: 9.284. Sinal? Não sei. O que sei é que trabalhar com ele não tinha jeito, o que me magoava no início, mas hoje vejo que os desígnios de Deus sempre nos levam para o melhor caminho.

Meu pai costumava dizer que "dois reis não cabem num mesmo castelo"... e eu fui embora construir o meu.

Todavia, antes de partir, atuamos juntos num caso de crime passional. Eu conhecia o acusado do calçadão da Felipe Schmidt. Era cambista, pessoa doce e tranquila que enfrentava uma acusação que representava verdadeiro paradoxo ao seu temperamento e estilo de vida. Matara com mais de 40 facadas a esposa e com outras tantas a sogra que era carinhosamente tratada pelo apelido de "jararaca".

Perdemos o júri. Condenado por duplo homicídio qualificado pela futilidade do ato e pela surpresa do ataque. Pena: 28 anos de prisão.

Já no meu modesto "castelo" de 40 metros quadrados, preparei o recurso. Novo julgamento, e nesse, atuando sozinho, decidi mudar radicalmente a estratégia. Procurei demonstrar o absurdo das qualificadoras, sustentando a ocorrência do crime passional, e a possibilidade de se reconhecer o homicídio na forma privilegiada, o que acarretaria uma redução significativa da reprimenda.

A derrota fragorosa no primeiro julgamento despertou em mim a curiosidade e a obrigação de estudar esse fenômeno a fundo.

A paixão pode começar de tocaia numa esquina da vida e, de repente, assumir forma avassaladora. Por vezes, também de repente, sem motivo algum, termina para um dos protagonistas, deixando o outro acossado pelas flechas do Cupido.

Pelas mais variadas razões, uma das partes não desiste do relacionamento, transformando o dia a dia da outra num suplício, impondo ao companheiro desistente um sadismo moral que faria inveja ao Marquês de Sade.

Nesse contexto, o amante rejeitado não mais enxerga o oásis do amor, porque inexistente, tornando deserta sua vida. Sofre por dentro o carcinoma da desilusão um ser que, agonizando, já não tem razão para viver. E nesse turbilhão de emoções, sucumbe à paixão avassaladora e por ela mata, às vezes, e não raro, por ela morre.

Foi o que ocorreu. Vicente, esse era o nome do réu, agiu num momento de desespero, impelido por circunstâncias que não cabe agora ressuscitar.

O júri entendeu o drama passional e acatou a tese defensiva sendo a pena fixada em seis anos de prisão em regime semiaberto. Considerando o tempo que estava encarcerado, saiu livre do julgamento. A promotora recorreu, mas os desembargadores mantiveram o veredicto popular.

Passaram-se quase 25 anos, e Vicente, que desde então todo ano me leva uma cesta de Natal, voltou a trilhar o caminho do bem, confirmando minha tese: às vezes, por infelicidade do destino, num ato de desespero e premido por fatos que inibem nossa razão, somos levados a escrever nossa biografia com as tintas embebidas no sangue de um semelhante.

O passional legítimo dificilmente reincide, pois raramente escapa da punição eterna impressa pelo tribunal da consciência: viver o resto dos seus dias sem a pessoa amada.

"O senhor sabe que sou inocente, doutor!"

Um homem ligou para minha secretária num final de tarde e, aos soluços, dizia que precisava me ver urgentemente. Ela, por estar comigo há anos e ter desenvolvido um espírito solidário aos que me procuram, arrumou um encaixe: como costumo atender a partir das 8h, enviou-me uma mensagem informando que tinha agendado um caso novo para as 7h30min do dia seguinte.

Quando cheguei ao escritório às 7h, a secretária comunicou que ele já me aguardava na "antessala da esperança", minha biblioteca.

Fui atendê-lo, e, mal terminei de dizer bom dia, ele abraçou-me e desabou num choro, dizendo que tinha matado um homem. Embriagado, invadira com sua caminhonete BMW uma via preferencial, colhendo de cheio uma moto. Relatou-me que o fato acontecera há uns meses e o Ministério Público o denunciou por homicídio doloso com dolo eventual, articulando ainda a qualificadora da surpresa, o que tornara o crime hediondo, circunstância que lhe poderia acarretar uma pena de até 30 anos.

Estava bem informado. Falou que havia procurado outros três advogados que foram unânimes em aconselhá-lo a confessar para tentar diminuir a sanção corporal. Nenhum dos

defensores anteriormente consultados conseguia vislumbrar um horizonte diverso da prisão, apostando na mitigação da pena através da confissão espontânea, como prevê o Código Penal.

Não parava de falar em suicídio, o que me preocupou, pois percebia sua sinceridade e sofrimento em decorrência da tragédia.

O acusado entregou-me cópia integral dos autos do processo e, numa simples análise do inquérito, já percebi o exagero do MP, a começar pela impossibilidade de se conjugar o dolo eventual com a qualificadora da surpresa, conforme reiteradas decisões do Supremo Tribunal Federal.

Expliquei que, na pior das hipóteses, responderia por homicídio simples, isso se ficasse demonstrado que agira sem se importar com o resultado letal caracterizador do dolo eventual e não da culpa consciente.

A discussão perpassa, necessariamente, sobre a sempre atual e debatida distinção entre a culpa consciente e o dolo eventual. A separação é simples. Na primeira hipótese, o agente tem a antevisão do resultado, mas espera que o mesmo não ocorra, confiando em sua habilidade e destreza para enfrentar a situação de perigo. Na segunda, o agente não quer o resultado, mas assume o risco, consentindo em produzi-lo.

Enfim, estava convencido de que ele deveria responder por culpa consciente no pior cenário e jamais por dolo eventual, o que possibilitaria ao magistrado proceder à desclassificação e aplicar uma pena que seria substituída por serviço comunitário, livrando-o do cárcere.

Comecei a fazer outros questionamentos, pois sua percepção de culpa e remorso, de acordo com o processo, era no mínimo precipitada.

Da leitura dos autos, não tive essa certeza, ao contrário, a impressão era de uma fatalidade que ocorrera por culpa da infeliz vítima na dinâmica do acidente.

Quando era estudante, li uma frase num livro de vitimologia que nunca esqueci: "Se nem todos os réus são culpados, nem todas as vítimas são inocentes".

Externei minhas dúvidas, fazendo algumas perguntas e rogando a ele calma e meditação.

Obviamente não induzi uma versão, pois ainda tenho guardado nos escaninhos afetuosos do meu coração o conselho que recebi no começo de minha carreira do professor

René Ariel Dotti, a quem nunca deixo de render homenagens pelo tanto que me ajudou: "Claudio Gastão, o médico para tratar o paciente não pode estar doente".

Repito, não invento "estórias". Apuro versões, o que é totalmente diferente. Mostro aspectos que às vezes a pessoa, pelo trauma de se envolver num processo criminal, não consegue enxergar.

Sempre digo que por meus clientes vou até a porta do inferno, mas não entro.

Fiz algumas indagações, pedi que ele refletisse e voltasse no outro dia.

No novo encontro, chegou atrasado. Como morava em outra cidade, culpou o "trânsito infernal". Todavia, trazia um sorriso e logo exclamou: "Doutor, o senhor tem razão, pensei melhor e sou inocente".

Falava até em processar a família da vítima pelos prejuízos no carro, ideia contra a qual prontamente me opus. Se não abortasse esse pensamento mesquinho, adverti, não assumiria a causa.

Apresentei a defesa e requeri algumas perícias, o que fez com que o processo se arrastasse por anos.

Quando, enfim, foi prolatada a sentença, embora não tenha absolvido o réu, o juiz entendeu que havia sido uma fatalidade, que era caso de crime culposo, e logo em seguida reconheceu a extinção da punibilidade pela prescrição. A promotora achou justa a decisão e não quis recorrer. Ou seja, o acusado saíra ileso.

Quando comuniquei ao réu a decisão de primeiro grau, este, em tom ríspido, disse que não aceitava, mostrou-se profundamente contrariado, pois "o senhor doutor, melhor do que ninguém, sabe que sou inocente".

Tomei um susto. Não consegui dizer nada, apenas veio a minha mente a cena daquele homem anos atrás na minha sala vivendo o pior cárcere que existe, o emocional, falando em suicídio e confissão, desenganado juridicamente por outros advogados que não projetavam qualquer desfecho favorável.

Como meu contrato terminava com a sentença, desejei-lhe sorte e disse que não tinha mais interesse em continuar no caso, substabelecendo, dias depois, para outro profissional. *C'est la vie!*

No caminho de Santo Escrivá

Há muitos anos, após uma palestra sobre tribunal do júri, onde destaquei vários juristas que poderiam alicerçar determinadas teses, um jovem perguntou-me se eu conhecia fulano, jurista anticlerical e ateu confesso, em cujas palestras não perdia a oportunidade, mesmo que fora do contexto, em espinafrar os cristãos, no que aquiesci secamente.

Então, indagou-me, visivelmente irritado e raivoso, por que não o incluí na nominata de notáveis, ao que respondi citando o verbete 836, do livro Caminho, escrito por Santo Josemaria Escrivá, que por inspiração Divina fundou o Opus Dei: "*Servir de alto-falante ao inimigo é uma idiotice soberana; e se o inimigo é inimigo de Deus, é um grande pecado. – Por isso, no terreno profissional, nunca louvarei a ciência de quem se serve dela como cátedra para atacar a Igreja.*"[10]

A orientação é repetida em outro livro, Forja, no qual Escrivá torna a advertir no item 721: "*Por objetividade, e para que não continuem fazendo mal, tenho de insistir em que não se deve fazer publicidade dos inimigos de Deus nem "hosaná-los"...mesmo depois de mortos*[11].

Diante do burburinho que surgiu no auditório, de pronto citei mais um verbete de Caminho, obra que deve ser

10 ESCRIVÁ, Josemaria. *Caminho*. 9ª ed. São Paulo: Quadrante, 1999, p. 256.
11 ESCRIVÁ, Josemaria. *Forja*. 3ª ed. São Paulo: Quadrante, 2014, p. 228.

lida devagar, meditada, para que possamos adquirir "alma de critério":

"*Fica tranquilo se exprimisse uma opinião ortodoxa, ainda que a malícia de quem te escutou o leve a escandalizar-se. – Porque o seu escândalo é farisaico*"(n. 350).

Como diz Santo Escrivá, a quem rezo diariamente para que me conceda a graça de santificar o trabalho ordinário, em Sulco, ponto 240: "*Para um filho de Deus, as contradições e as calúnias são, como para um soldado, feridas recebidas no campo de batalha.*"[12]

Aliás, as três obras citadas, se lidas e refletidas, fornecerão subsídios muito mais seguros para orientar uma defesa criminal do que a leitura de inúmeros tratados de Direito.

12 ESCRIVÁ, Josemaria. *Sulco*. 3ª ed. São Paulo: Quadrante, 2014, p. 95.

Machista, eu?

Como posso ser machista tendo sido criado pela minha doce avó? Rezo por ela todos os dias, convicto de que está nos braços de Nossa Senhora. Esse é o meu bálsamo para aplacar a saudade que me acompanhará eternamente.

Como posso ser machista se tenho uma adorável esposa e filhas maravilhosas que são a razão do meu viver?

Em minha crônica "A Paixão no Banco dos Réus", expus uma tese jurídica que em nada desmerece as mulheres, tanto que em situação inversa utilizei os mesmos argumentos em favor de uma que assassinou o marido e de outra que tentou matar a patroa. Mesmo assim, fui rotulado apressadamente por uma leitora como "machista".

Fixemos no caso da empregada que tentou matar a patroa. Embora não fosse uma hipótese propriamente de crime passional, estava em julgamento um delito cujos antecedentes fáticos poderiam mitigar a pena do homicídio, reconhecendo-lhe a forma privilegiada prevista no parágrafo 1º do artigo 121 do Código Penal.

Era o ano de 1994, época em que o advogado entrava no presídio e falava com o preso *face to face*, sem o parlatório, e às vezes podia até utilizar a sala do diretor. Quando cheguei, tive dificuldade de processar a cena: vi uma senhora de oitenta e poucos anos que chorava copiosamente e cuja fragilidade

corporal contrastava com a brutal facada desferida nas costas de sua patroa que tinha mais ou menos a mesma idade.

Trabalhavam juntas há mais de 50 anos, numa relação que o tempo fez migrar do plano profissional para o pessoal, arborizada em solidariedade, amizade e respeito incondicional. Moravam apenas as duas: a empregada, que por devoção à família e à patroa nunca se casou, e a patroa, que teve filhos que cresceram, constituíram família e partiram.

Quando a idosa sentou pontualmente às 18h para tomar sua sopa diária preparada pela leal e dedicada serviçal, por senilidade e injustiça, passou a acusar a fiel empregada de ter roubado suas joias, alegando não as ter encontrado no lugar de sempre.

A acusação virou uma feroz discussão na qual a desbocada patroa passou a chamar a incauta empregada de "nega imunda e vagabunda".

Foi o quanto bastou. A empregada, num acesso de ira – talvez o mais legítimo sentimento divino, e a Bíblia nos conta o dilúvio que Deus mandou cansado das iniquidades do homem – desferiu uma facada nas costas da patroa que, agonizando, esperou a ambulância e a polícia chamadas pela empregada.

Voltemos ao presídio. Ao chegar e ver o choro copioso, o desespero que acreditei ser de remorso, tentei explicar que a patroa sobreviveria, menti afirmando que ela já estava praticamente recuperada e, no dia seguinte, seria levada para casa, e quanto mais tentava amenizar os fatos, mais desesperada ficava a empregada.

Quando vi que minhas tentativas não estavam surtindo efeito e que quanto mais eu tentava minimizar a tragédia, pior ficava o estado emocional da empregada, parei, peguei em suas mãos, fixei meu olhar no dela e indaguei: "A senhora não está entendendo? Eu estou lhe dizendo que sua patroa está bem..."

A empregada, então, aos soluços, respondeu: "Sim, eu entendo, e choro de raiva por não ter matado a f.d.p.".

Agora é só esperar do que me rotularão por ter defendido, e já adianto, gratuitamente, a indigitada empregada. Sou advogado. Procuro ser um alquimista da liberdade alheia. Minha função é discutir a culpa legal, a questão moral fica ao encargo da majestosa vingança Divina.

Somente quem não me conhece pode entrar na minha *fanpage* para me chamar de machista, comentário que democraticamente não apago. Esquece a leitora que sem advogado não existe Justiça, pois não há como uma pessoa ser processada sem defesa.

Paradoxalmente, esses que se arvoram em tutores da quintessência da moralidade e dos bons costumes do secularismo moderno, ao se depararem com problemas, quando não correm para me procurar, almejam um profissional com meu perfil. Como disse, fui criado pela minha avó, e uma vizinha se recusava a pegar o elevador comigo. Um dia, chegou a interpelar minha querida vovozinha para saber como o neto preferido podia defender bandido...

Certa madrugada, essa mesma senhora bateu em nossa porta muito abalada, acordando minha avó que foi me chamar. Em prantos, relatou que o filho, segundo ela um rapaz de bem, tinha bebido um pouco e atropelado uma moça que veio a óbito. Aceitei defender o familiar da intolerante e rabugenta vizinha.

Os críticos e algozes da advocacia mudam rapidamente de opinião quando o destino, por uma infelicidade ou capricho, os arrasta para a teia da Justiça.

Gratidão com prazo de validade

Meu avô era meu melhor amigo, homem bom, beirando a santidade. Moramos juntos até seu falecimento. Dificilmente ele não gostava de alguém, mas me lembro quando criança de suas reclamações de um "colega" de trabalho em uma extinta emissora de TV que insistia em prejudicá-lo gratuitamente.

Esse "colega" era um homem míope do ponto de vista ético e moral, e não perdia uma oportunidade em espinafrar, desmerecer e rebaixar os outros, demonstrando que a prudência, a sensatez e a solidariedade, entre outras virtudes, há muito desertara de seu pobre espírito, na medida em que se arvorava em livro de registro das falhas alheias, procurando sempre subir na vida escalando as costas dos outros, o que realçava ainda mais seu caráter abominável e desalmado.

Difícil explicar por que uma criança de sete anos registrava essa injustificável malquerença entre esse pífio e torpe homem e meu querido avô.

Por obra do destino, quase 40 anos depois, esse homem, que continuava atuando nos meios de comunicação e que tinha galgado prestígio profissional, me ligou marcando um horário.

Intrigado, aceitei atendê-lo. No dia e hora agendados, entrou no meu gabinete cabisbaixo, destruído psicologicamente e, antes de relatar seu problema, disse que tinha trabalhado com meu avô e que rezava pela alma dele.

Instantaneamente me emocionei. Sou, com a graça de Deus, um homem que não perdeu a fé no ser humano. Aquilo me tocou. Achei que ele teria se arrependido do que fizera no passado e orava para se redimir.

Pedi para ele sentar e, após o relato de seu problema, que envolvia seu filho em um processo relativo à apreensão de entorpecentes, na mesma hora passei a me solidarizar com sua dor e a traçar uma estratégia legal para solucionar a questão.

Quanto mais eu falava e explicava o que doravante seria feito, era visível perceber que sua fisionomia mudava, que acendia em seu coração a chama da esperança.

No final do atendimento, perguntou-me quanto devia, ao que lhe respondi: “Vá em paz, deposite os honorários na conta corrente da amizade e continue rezando por meu avô”.

Como tinha previsto, solucionei o problema jurídico do filho desse homem que, ao ser comunicado por telefone sobre o fim de seu tormento espiritual, se recusou a tomar outro café no meu escritório. Agradeceu de forma polida e desligou.

Passaram-se alguns anos sem que tivéssemos qualquer contato. Nesse último Dia dos Pais, minhas duas filhas que vêm se destacando no hipismo ganharam, cada uma em sua categoria, importante competição. Maria Vitória, de 11 anos, e Maria Júlia, de 9, dedicaram-me os troféus e eu, movido pelo orgulho paterno, enviei então para esse jornalista que atua na área esportiva uma pequena nota.

Ele respondeu-me que a coluna já tinha sido fechada, mas que publicaria na próxima edição. Fiquei animado. Disse para as meninas: "Vocês estão famosas, vão sair no jornal".

No dia seguinte, assim que levantei, aguardei ansioso a chegada do jornaleiro para acordar as crianças com a notícia. Quando peguei o jornal, nada. Decepção. Algo deveria ter acontecido. Esperei passar uns dias e, como a nota não saía, fiz um ajuste, acrescentei um dado novo para que o assunto não "esfriasse", e reenviei.

Dessa vez, nem resposta ele me deu.

Tenho clientes de mais de 25 anos atrás. Alguns estabeleceram comigo vínculo afetivo que perdura até hoje, embora há muito tenha se rompido o laço jurídico.

Defendi assassinos que possuem mais lealdade e gratidão do que muitos homens que se dizem de bem. Aliás, não foram poucos os casos em que atuei em favor de pessoas boas, mas, que por uma infelicidade do destino e premidas por certas circunstâncias, acabaram escrevendo parte de sua biografia com o sangue de um semelhante.

Outros evitam me ver, e ao me encontrarem ao acaso geralmente acenam de forma respeitosa. Todavia, procuram fugir mais rapidamente do que o diabo da cruz, o que é compreensível, pois o advogado se assemelha ao padre e passa a ser o portador por vezes de atos reprováveis que a pessoa quer esquecer.

Os ingratos e os deficitários de caráter são diferentes. Para esses, a gratidão tem prazo de validade. No caso do jornalista esportivo, de uma brevidade dantes nunca vista, pois sequer o café após a vitória quis tomar.

Humildade e paciência, predicados de uma boa defesa

Em "Misérias do Processo Penal", o notável jurista Francesco Carnelutti ensina que a advocacia exige humildade. Eu acrescentaria outro predicado: paciência, muita paciência. Essa qualidade torna-se ainda mais indispensável quando o defensor se vê diante de um claro equívoco judicial. Ao advogado, cabe resistir e persistir para que as normas do direito sejam respeitadas. Carnelutti assinala: "*O maior dos advogados sabe não poder fazer nada frente ao menor dos juízes. Entretanto, o menor dos juízes é aquele que o humilha mais*".[13]

É por isso que muitos colegas, muitas vezes competentes, hábeis e vitoriosos, abandonam de um momento para outro a advocacia para se dedicarem a outros misteres. Faltou-lhes humildade, não tiveram resistência para suportar a humilhação.

O saudoso advogado paulista Raimundo Pascoal Barbosa dizia que "o defensor deve habituar-se a suplicar, despir-se da soberba. Embora também use toga, o advogado é sempre colocado em posição inferior ao juiz e ao promotor. O que é um pedido senão uma súplica?". Ainda citando Carnelutti: "A essência, a dificuldade, a nobreza da

13 CARNELUTTI, Francesco. *As misérias do processo penal.* São Paulo. Ed. Ejur, 3ª ed., 2017, página 28.

advocacia é sentar-se sobre o último degrau da escada ao lado do acusado".[14]

Quero pontuar como exemplo o caso de um cliente condenado por tortura. Ao examinar o processo, vi que o único recurso cabível era a revisão criminal, uma vez que havia sentença transitada em julgado. Para ter sucesso, uma revisão criminal precisa ser precedida pela chamada justificação

14 CARNELUTTI, Francesco. *As misérias do processo penal*. São Paulo. Ed. Ejur, 3ª ed., 2017, página 27.

judicial, que é um procedimento no qual se produzem provas que posteriormente serão utilizadas na revisão criminal. São dois procedimentos distintos, que podem confundir advogados e até magistrados.

O pedido de justificação que apresentei em favor do meu cliente era para demonstrar que sua condenação era injusta porque o advogado anterior à minha contratação não tinha apresentado as testemunhas, fato que ele próprio confirma na defesa inicial. O rol de testemunhas foi entregue ao defensor e ele, por militar na área cível, por não ter experiência no direito criminal, se equivocou e não as arrolou no momento devido.

Eu pretendia com essa justificação ouvir a testemunha ocular e outras testemunhas que poderiam, se ouvidas na ocasião própria, ter inocentado o acusado.

Esse era o argumento que serviria posteriormente como base da revisão criminal. Entrei com o pedido de justificação judicial e, só depois de seis meses de espera, a magistrada despachou, indeferindo-o liminarmente sob o "fundamento" de que a defesa não demonstrou a existência de prova nova capaz de desconstituir a condenação.

A juíza estava equivocada, porque demonstrar prova capaz de desconstituir uma condenação é feita numa revisão criminal e não numa justificação judicial. A ação cautelar de justificação tem jurisdição voluntária: o juiz apenas profere uma decisão homologatória, somente analisa se os requisitos formais da ação foram cumpridos (se tem procuração específica, se foi feito o pagamento de custas, etc.).

Guilherme de Souza Nucci, magistrado e professor de Direito Penal da PUC-SP, afirma que não deve ser a justificação indeferida, salvo quando o pedido envolver a produção de prova ilícita ou questão inútil para a solução do feito, o que evidencia a falta de interesse de agir.

Interessante observar que a juíza era reincidente no equívoco, porque adotara o mesmo procedimento em relação ao corréu que recorreu e o tribunal mandou que ela desse seguimento àquela justificação.

Nessas horas, é preciso paciência e humildade. Fui lá e tentei explicar para ela: "Doutora, a senhora está se equivocando novamente, o Tribunal já disse que a senhora não deve valorar provas, que isso é questão de mérito, a justificação visa apenas assegurar a produção de prova, quem vai analisar a prova posteriormente são os desembargadores numa revisão".

Não adiantou, a juíza manteve a decisão. Impetrei habeas corpus que acabou sendo acolhido de forma unânime no TJ, determinando que a juíza procedesse à inquirição daquelas testemunhas indicadas na justificação e que posteriormente seriam utilizadas numa revisão criminal para tentar anular o processo.

O defensor, observem, precisa de muita paciência para lidar com situações como essas que prejudicam o cliente e geram angústia na pessoa injustamente acusada e condenada que fica aguardando um reverso judicial que é postergado às vezes por equívocos desse gênero, como os cometidos pela juíza do caso aqui citado. Para consultar a decisão: TJSC - HC 4003954-84.2016.8.24.0000

Às vezes é melhor dormir...

Recentemente recebi uma foto do senhor Gilmar Mendes, ministro do Supremo Tribunal Federal, ao que parece dormindo durante um julgamento, imagem que me fez recordar expressiva passagem do jurista italiano Piero Calamandrei no livro "Eles, os Juízes, Vistos por um Advogado": "Acho que, muitas vezes, o sono dos juízes é premeditado: eles adormecem voluntariamente, para não ouvir o que o advogado diz e para poder, todavia, segundo a sua consciência, dar razão à parte que este ofende. O sono muitas vezes é um hábil expediente com que o juiz defende a parte dos erros do seu defensor".

Infelizmente, a fina ironia retrata uma triste realidade dos julgamentos criminais: a inépcia de alguns defensores que, no afã "de fazer bonito" para o cliente, acabam numa imprudente roleta russa com a liberdade alheia, formulando perguntas cujas respostas supõem. E pior, além de não saberem perguntar, não sabem quando parar.

Recordo-me de uma audiência em Blumenau no começo da minha carreira, presidida pelo hoje desembargador Jorge Henrique Schaefer Martins, sem dúvida um dos mais competentes e perspicazes magistrados de nosso estado. Após ouvir algumas testemunhas, o promotor desistiu de outras e disse que pediria a absolvição de ambos os acusados, um deles meu cliente, perguntando se a defesa desistiria de suas testemunhas.

A forma como o juiz indagou, somada à manifestação do MP, sinalizava uma absolvição, no que respondi prontamente que estava satisfeito e desistia de minhas testemunhas.

O defensor do corréu, todavia, estufou o peito e disse: "Eu insisto". O juiz olhou para ele e, surpreso, questionou: "Doutor, tem certeza de que é necessário?". A indagação lembrou-me aquele personagem de Chico Anísio a quem o professor insinuava a resposta e nem assim o atrabiliário estudante compreendia.

Diante da insistência, as testemunhas foram ouvidas. Durante o depoimento de uma delas, surgiu nova prova que levou o promotor a mudar de opinião, pedindo a condenação e por pouco não levando meu cliente de reboque. O pobre do corréu foi condenado.

Poderia citar vários casos nos quais seria melhor o defensor tirar uma soneca, uma vez que alguns esquecem que, por força de disposição constitucional, se presume a inocência.

O réu não precisa lutar desesperadamente para demonstrar a injustiça da acusação. Basta apontar uma dúvida razoável a legitimar o democrático princípio do *in dubio pro reo*, afinal, todos os bacharéis escutam desde os bancos acadêmicos que mais vale absolver um culpado do que condenar um inocente, pois a condenação injusta coloca todo cidadão de bem na alça de mira do pior erro possível: o erro judiciário.

A grandeza da vida

Fui consultado pela advogada Gilmara Dunzer e seu cliente, um respeitado empresário do ramo pesqueiro, condenado por três crimes. Depois de esgotados todos os recursos, tinham esperança de que eu pudesse encontrar um caminho legal para livrá-lo da prisão, ou pelo menos, mitigar sua árdua caminhada dentro do sistema penal.

Examinei os autos e considerei impecável o trabalho de minha colega. Eu próprio não teria feito melhor. Naquele momento e dentro daquelas circunstâncias, foram levantadas as teses que eram possíveis, e o resultado não haveria de ser diferente.

Acontece que um dos crimes pelos quais ele foi condenado dizia respeito ao contrabando de determinada espécie de camarão que recentemente deixara de ser crime. Expliquei da possibilidade de excluir esse delito através da aplicação do instituto conhecido como *abolitio criminis*, que implicaria na mudança no regime prisional, e, trocando em miúdos, o livraria do cárcere, podendo resgatar a reprimenda remanescente em liberdade.

Preparei a defesa e, como o escritório de minha colega era perto do fórum, localizado em outra cidade, pedi que ela tentasse coordenar a distribuição e falar com o juiz e o promotor, principalmente em face das vicissitudes que todos enfrentamos por causa da Covid-19.

Não deu tempo nem para ela tentar falar com o promotor. O pedido já tinha sido despachado com manifestação contrária.

De pronto, fiz uma nova petição explicando o equívoco incluso no parecer do Ministério Público. A diligente advogada dirigiu-se ao fórum. Um novo indeferimento havia sido exarado.

Ela pediu para conversar com o promotor, sendo gentilmente atendida. Passou a ler meu pedido pausadamente até que, ao fim, ele mudou o parecer. Teve a humildade de reconhecer o equívoco e a grandeza de caráter de retificar o erro. No final, pediu para que a advogada me transmitisse um forte abraço.

Vencemos uma batalha, mas a guerra ainda estava longe de chegar ao final. O juiz não pôde atendê-la naquele dia e no dia seguinte não deu tempo nem de ela chegar ao fórum. O pedido foi indeferido com base "na manifestação do Ministério Público"...

Fiz nova petição, alertando que o promotor tinha retificado seu parecer chancelando a tese defensiva. Era a terceira petição seguida, interposta sem que ao menos a primeira tivesse sido analisada.

Precavido, antevendo que poderia ser mal interpretado pelo magistrado, iniciei a nova petição explicando que a rotina do advogado, mormente quando ele está convencido da procedência do direito que pleiteia, é pedir, às vezes até um pouco de maneira que possa parecer insistente, mas rogando paciência e compreensão, pois, afinal, a repetição também era uma figura de retórica e se a defesa não foi ouvida uma vez poderia sê-la noutra ocasião, mais adiante, quando o fragor de um determinado episódio trepidante se houvesse esmaecido ou perdido no tempo e no espaço.

Expliquei que a decisão que negava o pedido não tinha observado a mudança de entendimento do Ministério Público, que agora opinava que fosse acatada a tese da defesa.

Finalizei ratificando a confiança da defesa, que, "inspirada no exemplo de Rui Barbosa, o maior de todos nós, não desanima de bater novamente à porta da Justiça, pedindo a V. Exa, "com o fervor da prece, que se exalta no recrescer do sofrimento", seja reconsiderada a decisão".

A advogada tentou várias vezes falar com o juiz. Nunca foi recebida. Telefonou-me dizendo que, depois de permanecer uma tarde inteira sentada no fórum, o máximo que conseguira foi ser atendida por um assessor que lhe afirmou que a decisão seria mantida. Desanimada, disse-me que tentara sem sucesso explicar a incoerência. Sendo a negativa baseada na manifestação do promotor, diante da retificação dessa, era imperativa a modificação da outra.

Acalmei minha colega. "Vamos esperar e recorrer"... No dia seguinte, ela me ligou contente, mas contida: "Doutor, o magistrado voltou atrás, mas acho que o senhor não vai gostar muito da decisão".

Curioso, acessei os autos. A simplória decisão de meia lauda dizia o seguinte: "Sem o romantismo e a emoção que as manifestações do apenado trazem consigo, ... reconheço a ocorrência da *abolitio criminis* pretendida, utilizando-me como razão de decidir o parecer das páginas 580 a 582".

De pronto exclamei: "Ótimo, parabéns! Sua dedicação e empenho por certo foram fundamentais para o desfecho". O que importava é que o juiz concluíra pela absolvição e mandara readequar a pena.

O fato de decidir tomando por base o parecer que expressamente deu razão à minha tese retirou, implicitamente, o mérito do meu trabalho, que talvez não estivesse à altura jurídica e intelectual por ele esperada, perdendo espaço para o "romantismo e a emoção".

A manifestação do magistrado fez-me lembrar expressiva passagem de Nelson Hungria na qual o príncipe dos penalistas alertava: "Não! O homem impassível faz lembrar o pântano apodrecido, a água das lezírias, onde germinam os vibriões maléficos. Somente o emotivo se integra na grandeza da vida, dando-nos o belo espetáculo de sua pugnacidade, à semelhança da correnteza fluvial que, a arrostar com os obstáculos, cresce bravamente sobre eles, torvelinhando, espumando, rebramindo".[15]

15 HUNGRIA, Nelson, Comentários ao Código Penal, v. VI, Revista Forense, RJ, 1953, p. 98/99

Composto em FreightText Pro
pela Officio para a Almedina Brasil.
Sul da Ilha de Santa Catarina,
junho de 2023.